행복하기란
얼마나 쉬운가

행복하기란 얼마나 쉬운가 *Walking on Water*

2012년 5월 7일 초판 1쇄 발행. 2022년 8월 16일 초판 4쇄 발행. 앤소니 드 멜로 Anthony de Mello가 쓰고, 이현주가 옮겼습니다. 도서출판 샨티에서 이홍용과 박정은이 펴내고, 이근호가 디자인을 하였으며, 이강혜가 마케팅을 합니다. 제작 진행은 굿에그커뮤니케이션에서 맡아 하였습니다. 출판사 등록일 및 등록번호는 2003. 2. 11. 제2017-000092호이고, 주소는 서울시 은평구 은평로3길 34-2, 전화는 (02) 3143-6360, 팩스는 (02) 6455-6367, 이메일은 shantibooks@naver.com 이 책의 ISBN은 978-89-91075-76-4 03200이고, 정가는 15,000원입니다.

이 도서의 국립중앙도서관 출판시도서목록(CIP)은 e-CIP홈페이지(http://www.nl.go.kr/ecip)와 국가자료 공동목록시스템(http://www.nl.go.kr/kolisnet)에서 이용하실 수 있습니다.(CIP제어번호: CIP2012001977)

Anthony de Mello

행복하기란
얼마나 쉬운가

앤소니 드 멜로 지음 · 이현주 옮김

【산티】

Contents

옮긴이의 말 _7

환상 Vision _10

침묵 Silence _16

평화 Peace _36

행복 Happiness _52

삶 Life _70

자유 Freedom _88

사랑 Love _104

기도 Prayer _122

해방 Liberation _144

영성 Spirituality _152

명징 Clarity _158

치유 시작 Begin to Heal _170

과감하게 느껴라 Dare to Feel _192

열여덟 가지 연습 18 Exercises _208

다시 한 번 생각해 보자 Reminders _238

옮긴이의 말

아내가 육신을 벗으며
극도의 아픔으로 그리스도와
하나 되는 과정을
속절없이 바라보는 사이에
한 줄 또 한 줄 옮겨졌다.

내 곁을 떠나 중심으로 들어온
사랑하는 아내와,
이 땅의 아픈 영혼들 모두에게
삼가 이 번역을 바친다.

2012년 봄, 정릉 골에서 이현주

1

환상 Vision

신약 성경에 놀라운 구절이 있다. 사랑에 관하여 바울로가 이렇게 말한 것이다.

"사랑은 무례하게 굴지 않는다."

나는 가끔 사람들에게 말한다.

"마침내 그곳에 이르러 거기에서, 하느님에 의하여 용서받지 못할 죄가 없다는 사실을 알게 될 때 아마도 당신들은 실망할 겁니다."

한 여인이 하느님을 만나뵈었다면서 주교를 찾아와 조언을 구했다. 주교가 말했다.

"당신이 본 게 환상일 수 있소. 당신은 이 교구의 주교인 내가 당신이 보았다는 하느님이 진짜인지 가짜인지를 가려낼 유일한 인물이라는 사실을 알고 있소?"

"예, 압니다, 주교님."

"그게 나의 임무이자 책임이니까."

"물론입지요, 주교님."

"그러니 당신은 내가 시키는 대로 하시오."

"그러겠습니다, 주교님."

"잘 들어요. 다음에 또 하느님이 당신에게 나타나거든, 그가 진짜인지 가짜인지 알아볼 수 있도록 한 가지 시험을 해 보시오."

"예, 주교님. 그런데 무슨 시험을 어떻게 할까요?"

"하느님께 말하시오. '하느님, 우리 주교의 은밀한 죄가 무엇인지, 저에게 말씀해 주셔요.' 당신에게 나타난 하느님이 진짜라면 나의 은밀한 죄가 뭔지 말해 주실 것이오. 그러면 내게 와서 그것이 무언지 말하시오. 단 아무도 모르게 해야 하오. 알겠소?"

"예, 주교님."

한 달쯤 뒤, 여인이 주교를 찾아왔다. 주교가 물었다.

"하느님이 당신에게 나타나셨소?"

"그런 것 같습니다, 주교님."

"내가 물어보라는 것을 물어보았소?"

"물론입지요, 주교님."

"그래, 하느님이 뭐라고 하십디까?"

"하느님이 말씀하셨어요. '가서 주교에게 일러라. 내가 그의 은밀한 죄를 잊어먹었다더라고!'"

 무슨 얘긴가? 인간의 죄목을 적어둔 원장元帳이 없다는 거다! 생각해 보라, 하느님은 그 어떤 등기부도, 목록도 보관해 두지 않으신다! 그분은 지금 여기에 있는 우리를 있는 그대로 보시고, 한없는 사랑으로 감싸 안으신다.

2

침묵 Silence

이 책은 우리 시대에 하느님께로 가서 닿는 길, 그 방편들에 관한 것이다. 이제부터 기도와 명상에 관하여, 그것들에 깊이 연관되어 있는 사랑, 기쁨, 평화, 생명, 자유 그리고 침묵에 관하여 말해 보겠다.

우선 침묵에 관한 이야기로 시작한다. 그 까닭은, 하느님께로 가는 모든 길이 침묵으로 들어가는 길이어야 하기 때문이다. 언제고 당신이 하느님과 하나되기를 원한다면, 침묵으로 시작해야 한다. 침묵이란 무엇인가?

한 왕이 영적 스승을 찾아가서 그에게 물었다.

"나는 무척 바쁜 사람이오. 내가 어떻게 하느님과 하나될 수 있는지 그 길을 일러줄 수 있겠소? 한 문장으로 말해 보시오."

스승이 왕에게 말했다.

"문장은 관두고 단어 하나로 답하지요."

"그 단어가 무엇이오?"

"침묵!"

"어떻게 그 침묵을 얻을 수 있소?"

"명상!"

동양에서 명상meditation은 생각하지 않는 것, 생각을 넘어서는 것이다.

왕이 다시 물었다.

"무엇이 명상이오?"

"침묵!"

"그 침묵을 어떻게 얻을 수 있소?"

"명상!"

"명상이 무엇이오?"

"침묵!"

침묵은 언어와 사유를 넘어서는 것이다. 언어와 사유가 어째서 잘못인가? 그것들은 한계가 있다. 우리가 말하는 하느님, 우리가 상상하거나 생각하는 하느님은 하느님이 아니다. 여기에 언어와 사유의 근본적 오류가 있다.

대부분 사람들이 자기가 생각하는 하느님의 모습들images에 사로잡혀 있다. 이것이 하느님께로 가서 닿는 데 가장 큰 장애물이다. 당신은 내가 말하는 침묵을 경험해 보고 싶은가?

첫걸음은 이해하는 것understanding이다. 무엇을 이해한단 말인가? 하느님이, 내가 생각해 낸 하느님과 아무 상관이 없다는 사실을 깨닫는 것이다.

인도에서는 많은 장미들이 향기를 뿜는다. 내가 생전에 장미향을 한 번도 맡아본 적이 없다고 치자. 그런 내가 장미향이 어떠냐고 묻는다면, 당신은 그것을 내게 설명할 수 있겠는가?

장미향 같은 단순한 물건 하나 설명 못하면서 어떻게 하느님을 설명할 수 있단 말인가? 모든 언어가 부족하다. 하느님은 인간의 언어 너머에 계신다. 그래서 언어에 오류가 있다는 거다. 한 신비주의자가 《무지의 구름The Cloud of Unknowing》이라는 제목으로 위대한 그리스도교 고전을 써냈다. 그가 물었다. "당신은 하느님을 알고 싶은가?" 그리고 스스로 답했다. 그분을 아는 유일한 길이 있으니, 모름unknowing이 바로 그것이라고!

당신은 당신 머리mind와 생각을 넘어서야 한다. 그때 비로소 그분을 가슴heart으로 알게 될 것이다. 하느님에 관하여 토머스 아퀴나스는 말했다.(그리고 이것이 그가 하느님에 관하여 분명히 말할 수 있는 모든 것이었다). "하느님이 어떤 분인지 우리는 모른다." 그것은 교회가 말하고 있는 것이기도 하다. "우리가 만든 하느님 상像은 하느님과 같기보다는 더 많이 같지 않다."

이것이 진실이라면, 그렇다면 성경은 무엇인가? 실제로 성경은 우리에게 하느님 초상이나 하느님에 관한 설명을 제공하지 않는다. 성경이 우리에게 주는 것은 하나의 실마리에 불과하다. 인간의 언어가 우리에게 하느님 초상을 그려줄 수 없기 때문이다.

내가 인도를 여행하면서 봄베이로 간다고 하자. 길에서 '봄베이'라는 팻말을 보고는, "아, 여기가 봄베이구나!"라고 말하면서 그 팻말을 다시 한 번 쳐다보고 돌아선다.

사람들이 여행에서 돌아온 내게 묻는다.

"봄베이에 갔었나?"

"응, 갔지."

"그래, 그곳이 어떠하던가?"

"노란 바탕에 검은 글씨로 '봄베이'라고 써 있더군."

하지만 그건 봄베이가 아니다! 봄베이 비슷한 것도 아니다. 봄베이 사진도 아니다. 그냥 하나의 표지판sign이다. 성경이 바로 그 표지판이다. "현자가 달을 가리키는데 어리석은 자는 그 손가락을 바라볼 따름이다."

내가 달을 가리키면서 "달 좀 봐!"라고 말하는데 당신이 내게로 다가와 "이게 달이라고?" 하면서 내 손가락을 쳐다보는 장면을 상상해 보라. 이게 바로 언어의 위험이자 비극이다. 언어는 아름답다. "아버지." — 하느님을 가리키는 얼마나 아름다운 말인가? 교회는 말한다, 하느님은 신비라고. 그런데 당신이 '아버지'라는 언어에 문자적으로 갇혀 있으면, "이토록 심한 고통을 허용하는 게 무슨 아버지란 말이냐?"라는 사람들의 질문을 피할 수 없게 된다. 하느님은 신비다! 인간의 머리로 알 수 없는 참으로 불가사의한 분이다!

여기, 태어나면서 눈먼 사람이 있다. 그가 사람들마다 얘기하는 초록색이 어떤 것인지를 묻는다. 그에게 초록색을 어떻게 설명할 것인가? 불가능하다! 그가 계속 묻는다. "그것은 차가운가? 아니면 뜨거운가? 큰가? 작은가? 거친가? 부드러운가?" 초록은 그런 게 아니다! 가련한 사람은 자기의 제한된 경험을 근거로 삼아 계속 질문한다.

내가 음악인이라 가정하고, 그에게 이렇게 말한다고 하자. "초록색이 어떤 것인지 말해 주지. 그건 달콤한 멜로디와 같네." 그런데 어느 날 그가 눈을 떠서 보게 되었고 내가 그에게 묻는다. "초록색을 보았는가?" 그가 답한다. "아니." 어째서 그가 아니라고 답하는지 알겠는가? 그는 달콤한 멜로디를 찾고 있었던 것이다! 멜로디라는 물건에 사로잡혀서, 온통 초록으로 물든 숲을 눈앞에 두고서도 초록색을 알아보지 못하는 것이다.

큰 바다에 사는 작은 물고기 이야기가 있다. 어느 날 누군가 그에게 말해 준다.

"아, 바다란 얼마나 크고 엄청난 것인지, 정말 대단해!"

물고기가 사방으로 헤엄치면서 묻는다. "바다가 어디 있는데?"

그가 말한다. "네가 지금 그 안에 있는 거야."

하지만 물고기가 보는 것은 바다가 아니라 물이다! 그는 바다를 모른다. 언어의 함정에 빠진 것이다. 우리에게도 같은 일이 일어나고 있는 것 아닐까? 하느님이 코앞에서 우리를 바라보시는데 하느님은 이런 분이라는 우리의 관념에 빠져 있어서 그분을 알아보지 못하는 것 아닌가? 그렇다면 참 안된 일이다!

침묵은 하느님께 가 닿는 첫걸음이자 하느님에 관한 우리의 생각들이 모두 적절하지 못하다는 사실을 이해하는 첫걸음이다. 대부분 사람들이 이 사실을 이해하여 받아들일 준비가 되어 있지 않다. 그것이 기도의 가장 큰 장애물이다.

침묵에 도달하려면 다섯 감각을 활용하면서 그것들에 깨어 있어야 한다. 많은 사람에게 이 말이 엉뚱한 소리로 들리고 거의 믿어지지도 않겠지만, 그러나 당신이 해야 할 일은 보고 듣고 느끼고 냄새 맡고 그리고 아는 것이 전부다.

동양에 "하느님은 세상을 지으셨고 당신이 지으신 것들 안에서 춤을 추신다"는 말이 있다. 당신은 춤꾼을 보지 않으면서 춤을 볼 수 있는가? 춤과 춤꾼이 따로 떨어진 무엇인가? 아니다. 그 둘은 둘이 아니다. 노래하는 사람의 목소리가 노래 안에 있듯이, 하느님은 당신이 지으신 피조물 안에 계신다. 내가 지금 노래를 부르고 있다. 당신은 내 목소리와 노래를 함께 들을 것이다. 노래와 목소리는 떨어질 수 없이 연결되어 있지만, 그러나 둘이 같은 것은 아니다. 생각해 보자. 우리가 노래를 들으면서 목소리를 듣지 못한다면 이상한 일 아닌가? 춤을 보면서 춤꾼은 보지 못한다?

우리에게 필요한 것은 다만 보는 것이고, 그러면 하느님을 알아보는 은총을 따로 받게 된다는 뜻일까? 그렇지 않다. 당신은 그분을 알아보는 은총을 이미 받았다. 당신에게 필요한 것은 무엇을 보는 특별한 방법 special way of looking 이다.

'어린 왕자'에게 소녀가 말한다. "사람이 무엇을 바로 보려면 가슴 heart 으로 봐야 해. 본질적인 것은 눈에 보이지 않거든." 우리는 가슴으로 듣고, 가슴으로 보아야 한다.

일본에 이런 이야기가 있다. 제자가 스승에게 말했다.

"선생님은 저에게 묵상의 비결을 숨기고 계십니다."

"숨긴 적 없네."

"아닙니다. 숨기셨어요."

어느 날, 두 사람이 숲길을 걷는데 새 울음소리가 들렸다.

스승이 제자에게 물었다.

"저 새 소리를 들었는가?"

"예."

"그렇다면 내가 그대에게 아무것도 숨기지 않았다는 사실을 알았겠군."

제자가 답했다.

"예, 선생님."

당신은 무슨 일이 일어났는지 알겠는가? 제자가 새 소리를 가슴으로 들었던 것이다. 우리도 가슴으로 듣고 가슴으로 보면 이 은총을 누릴 수 있다.

황혼에 지는 해를 바라보고 있는 나에게 한 농부가 다가와 이렇게 말하는 장면을 그려보라. "무얼 그리도 황홀하게 보는 거요?"

내가 대답한다. "아름다움에 넋을 잃었소."

가련한 그 친구는 날마다 저녁 무렵 '아름다움'을 보려고 그것이 어디 있는지를 묻기 시작한다. 그의 눈에 보이는 것은 해, 구름, 나무 들이다. 그런데 아름다움은 어디 있는 거지? 그는 아름다움이 하나의 사물이 아니라는 사실을 모른다. 아름다움은 사물을 보는 방식에 있다. 창조된 세계를 보라! 언제고 가슴으로 보는 법을 선물로 얻을 것이다. 그러나 창조된 세계를 볼 때 특별한 감각이 느껴지기를 기대하지는 마라.

그냥 보라! 응시하라. 관념을 보려 하지 말고 보이는 세계를 그냥 보라. 이 은혜가 당신에게 내리기를 진심으로 기원한다. 당신이 사물을 볼 때 마음이 편안해지고 침묵이 당신을 감쌀 것이므로 분명 그리 될 것이다. 그때 당신은 가슴으로 보게 된다. 요한의 복음서가 놀라운 사실을 우리에게 말해 준다. "모든 것이 그분 안에서 창조되었다." 이어서 그는 말한다. "그가 세상에 있었고 그를 통하여 세상이 창조되었으나 세상은 그를 알아보지 못하였다." 가슴으로 볼 수 있을 때 당신은 그분을 알아보게 된다. 춤을 보라. 춤추는 이가 보일 것이다.

※

당신에게 추천하고 싶은 다른 도구가 있다. 성경이다. 성

경은 빛을 가리키는 훌륭한 손가락이다. 우리는 개념을 넘어 침묵에 이르고자 성경의 언어를 사용한다. 어떻게?

성경 한 구절을 읽어보자. "누구든지 목마른 사람은 나에게 와서 마셔라. 나를 믿는 사람은 성서의 말씀대로 그 속에서 샘솟는 물이 강물처럼 흘러나올 것이다." 이 구절을 읽을 때, 예수의 육성이 그대로 당신 귀에 들린다고 상상하라. 이 구절을 가슴으로 읊어라.(눈으로 읽지 말고 소리 내어 읊을 것.) "누구든지 목마른 사람은 나에게 와서 마셔라." 당신 가슴이 꽉 채워질 때까지 읊고 또 읊어라. 말의 의미를 궁리할 건 없다. 당신 가슴이 그것을 알고 있으니까. 가슴이 꽉 채워지면 당신 속에서 누군가 이렇게 말할는지 모른다. "누구든지? 주님, '누구든지'라고 하셨나요? 정말입니까? 도둑도 괜찮고 죄인도 괜찮다고요? 여기 제가 있습니다. 주님, 저도 마시게 해주십시오!"

하지만, 다르게 대꾸하는 사람도 물론 있을 것이다. "난 이 말을 믿을 수 없습니다. 도대체 당신은 무얼 마시라고 하는 겁니까? 지난날 수도 없이 당신을 찾았어요. 그러나 당신은 내게 아무것도 주지 않았습니다!" 이 사람은 지금 실망하고

화가 나 있지만, 그런 상태로 하느님께 말씀드릴 충분한 이유가 있는 것이다. 자기 가슴에 담긴 것을 솔직하게 털어놓고 있으니 썩 훌륭한 기도다.

또 어떤 사람은 이렇게 말할는지 모른다. "주님, 무슨 말씀을 하시는 건지 알겠습니다. 저에게 마실 물을 주신 적이 있으니까요. 지금 다시 목이 마르네요. 그래서 이렇게 왔습니다."

이것이, 당신에게 말하는, 성경에 대꾸하는 방법이다. 말로 표현할 수 없는 어떤 느낌이 강렬하고 깊게 당신 가슴을 점령해서 아무 말이 생각나지 않는 경우도 있을 수 있다. 그럴 때 당신이 할 수 있는 유일한 일은 침묵 속에서 아무것도 하지 않는 것이다. 당신이 쓸 수 있는 언어들 너머에 계시는 하느님과 그분 말씀에 침묵으로 응하면서 가능한 한, 오래 그 상태를 유지한다. 그러다가 다른 생각이 일어나면 성경을 펼치고 다른 구절로 넘어간다.

이것이 성경의 언어를 넘어 침묵으로 들어가는 하나의 다른 길이다. 읽고 읊고 묵상하라. 이내 그 묵상이 침묵으로 바뀔 것이다. 그리고 그 침묵 안에서 당신은 하느님을 보게 될 것이다.

　성경을 활용하는 또 다른 길이 있다. 말없이 있으면서 보고 듣는 것이다. 그것이 당신을 침묵으로 인도할 것이다. 그리하여 깊은 고요에 닿았을 때 성경 말씀을 떠올린다. 무슨 일이 일어나는지 알겠는가? 성경 말씀이 당신 가슴에 부식腐蝕될 것이다. 침묵 속에서 더욱 깊어지는 강한 의미로 새겨질 것이다. 그 의미는 머리의 생각을 넘어선다. 당신 머리에 들어 있는 언어들이 당신의 침묵을 어질러놓을 수 있을까? 아니다! 그것은 황혼의 고요한 평화와 같다. 당신은 그 안에서 새들의 지저귐과 예배당의 저녁 종소리를 듣고, 그 소리들은 당신의 침묵을 더욱 깊게 해준다. 이것이, 침묵으로 머물러 있는 당신에게 누가 성경을 읽어주거나 당신 스스로 성경 말씀을 떠올릴 때 일어날 수 있는 일이다.

　예수의 이 말씀을 생각해 보라.

"오라, 나를 따르라!"
"믿는 자에게 모든 일이 가능하다. 네가 이 일을 할 수 있다고 믿느냐?"
"평화!"

"겁내지 마라, 나다!"
"나를 사랑하느냐?"

바로 지금 당신 앞에 예수 그리스도가 서서 이 말을 하신다고 상상해 보라. 대답하고 싶은 유혹에 넘어가면 안 된다. 아무 말 마라. 대답하지 마라. 그냥 그의 말이 당신 가슴을 울리게 하고 당신의 옹근 존재를 감싸게 하라. 그러다가 더 이상 자신을 감당할 수 없게 되거든 그때 반응하라. 그의 말에 대꾸하라. 반응하기까지 오래 침묵 속에 머물러 있는 것이 바람직하다. 이것이 침묵 속으로 들어가 거기 머물러 있는 매우 간단하면서 효과적인 방법이다. 예수가 당신 앞에 서서, 복음서에 기록된, 사랑으로 충만한 말씀 한 마디를 들려주고 있다고 상상해 보라. 성급하게 대꾸하려 하지 말고 참을 수 있을 만큼, 침묵하라. 그러다가 더 참을 수 없으면 그때 그분께 말씀드려라.

이제 나는 당신에게, 그냥 보고 그냥 듣는 영성이 어떤 것인지를 설명해 주는 이야기 한 토막을 들려주겠다. 이야기야말로 사람과 진실 사이를 이어주는 가장 짧은 지름길이다.

❖

  둘레가 30리쯤 되는 작은 섬 기슭에 사원寺院이 하나 있는데, 그 안에 크고 작은 종들이 천 개 있었다. 바람 불어 풍랑이 일면, 세상에서 가장 훌륭한 장인이 만들었다는 그 종들이 소리 내어 울었다. 소문에 의하면 그 소리를 들은 사람은 누구나 깨달음을 얻고 하느님을 체험한다고 했다.

  그런데 수백 년 세월이 흐르는 동안 사원이 (종들과 함께) 바다 아래로 조금씩 가라앉았다. 그래도 간혹 바다 속에서 종소리가 울리면, 그 소리를 들은 사람이 하느님을 만났다는 전설은 사라지지 않고 남아 있었다.

  한 젊은이가 이 전설을 듣고 긴 여행 끝에 옛날 사원이 있던 바로 그 섬 기슭에 다다랐다. 그는 나무 그늘에 앉아 바다에서 울려나오는 종소리를 들으려고 귀를 기울였다. 하지만 아무리 귀를 기울여도 들리는 것은 파도가 바위에 부서지는 소리뿐이었다. 그는 파도소리에 귀를 막고 종소리를 들으려고 애썼지만 그럴수록 마음만 고달파졌다. 그렇게 한 주일, 보름, 한 달, 두 달, 석 달의 세월이 흘렀다. 결국 포기하려고 마음먹는데, 마을 노인들한테서, 종소리를 듣고 하늘의 은총을 입었다는 사람들 이야기를 들었다. 그의 가슴이 다시 두근거렸다. 하지만 아무리 가슴이 두근거려도 그것이 종소리를 대신할 수 없다는 사실을 그는 잘 알았다. 그런 상태로 여섯 달을 더 기다리다가 이윽고 포기하기로 결심하였다. 역시 전설은 전설일 뿐, 아무래도 그를 위해 마련된 하늘 은총은 없는 듯했다.

그는 거기 살고 있는 사람들과 작별하고, 자기에게 그늘을 내주었던 나무와 바다와 하늘에 마지막 인사를 하려고 기슭으로 내려갔다. 그곳 기슭에 서서, 들려오는 파도소리에 귀를 기울이기 시작하자, 그것이 마음을 편하게 하고 가슴에 기쁨을 심어주는 소리인 줄을 처음으로 알게 되었다. 그 소리가 그를 '침묵'으로 데려갔다. 그 침묵이 깊어지면서 일이 벌어졌다. 멀리서 가늘게 울리는 종소리가 그의 귀에 들렸던 것이다. 하지만 그는 속으로 생각했다. '저건 내 마음이 만들어낸 소리일 거야. 환청이라는 게 이런 건가?' 다시 그는 바다가 내는 소리에 귀를 기울였다. 그러면서 침묵에 잠겨 평안히 쉬었다.

 차츰 침묵이 깊어졌고, 다시 한 번 가늘게 울리는 종소리가 들렸다. 그러고는 미처 놀랄 사이도 없이, 다른 종소리가 울렸고 또 다른 종소리에 이어 다른 종소리……가 계속 울렸다. 마침내 천 개의 작고 큰 종들의 교향악이 장엄하게 울려 퍼졌다. 그는 황홀경에 들어, 하느님과 하나되는 은총을 입었다.

※

 종소리를 듣고 싶으면 바다가 내는 소리에 귀를 기울여라.
 춤꾼을 보고 싶으면 춤을 보아라.
 노래하는 이를 만나고 싶으면 노래를 들어라.
 언젠가 당신 안에서 당신에게 발견된 것을 고마워할 그 무엇을 보고, 듣고, 경험하여라.

3

평화 Peace

    40년 세월을 함께 지내면서 한 번도 다투지 않은 두 수도승이 있었다. 정말 단 한 번도 그들은 다툰 적이 없었다.

    어느 날 한 수도승이 다른 수도승에게 말했다.

    "우리 이제 한 번쯤 다툴 때가 되지 않았나? 어떻게 생각해?"

    다른 수도승이 대꾸했다.

    "좋아, 당장 해보자고! 무얼 가지고 다툴까?"

    "이 빵 조각, 어때?"

    "좋아. 그럼 이제부터 이 빵 조각을 놓고 다투어보자고! 자네가 시작하게."

    한 수도승이 말했다.

    "이건 내꺼야. 내 빵이라고!"

    다른 수도승이 말했다.

    "그래? 그럼 자네가 그 빵 먹게나."

❋

    평화는 논쟁이나 다툼에 의하여 깨어지지 않는다. 평화를 깨는 것은 언제 어디서나 '나'다. "이건 내꺼다. 그러므로 이걸 누구하고 나눠 가지는 것은 싫다." 이와 같은 욕심과 집착을 유지할 때 당신 가슴은 더욱 단단하게 굳어진다. 바로 이 욕심과 집착으로 굳어진 마음이 평화의 가장 큰 적이다.

방대한 땅과 많은 재물을 가진 사람들이 모여 "아무에게도 우리 땅과 재물을 나눠주지 않겠다"고 결의하는 나라를 상상해 보라. 유엔에 가입한 나라들이 "우리는 우리나라의 이익을 추구할 뿐 다른 나라들에는 관심이 없다"고 선언하는 장면을 상상해 보라. 굳어진 가슴들, 굳어진 나라들, 그런 곳에서 어떻게 평화가 이루어질 수 있겠는가? 하지만 유엔이나 나라들에 대하여 말하기 전에 당신과 나에 대하여 말해 보자.

당신 마음을 들여다보라. 이렇게 말하고 싶을 것이다.

"내 인생에 풀어야 할 문제와 갈등이 너무 많아!"

내가 말한다. "하지만 당신 가슴엔 앙심도 없고 증오와 분노도 없어."

당신이 말한다. "내 인생에는 겪어야 할 많은 고통과 괴로

움이 있어."

내가 말한다. "그러나 당신 양심은 괴롭지 않아."

당신이 말한다. "내게는 감당해야 할 일들이 너무 많아."

내가 말한다. "그래도 화를 내거나 당신 몸이 늘 긴장 상태에 있는 건 아니야."

과연 내가 당신에게 이런 말을 할 수 있는가? 그렇다면 그 나는 넓은 세상에 평화를 건설하는 사람이다. 바로 그 평화를 세상 모든 곳에 퍼뜨리는 데 기도의 목적이 있다. 어떻게 그럴 수 있을까? 우리는 그럴 준비가 되어 있는가? 지금 당장 그 일에 착수할 수 있는가?

눈을 감아라. 이제부터 당신은 짧고 단순한 마음 수련에 들어간다. 시간은 1분에서 2분쯤 걸릴 것이다. 눈을 감고 몸의 느낌에 집중하라. 어깨, 팔, 등에 닿는 옷감의 감촉을 느껴본다. 물건에 닿아 있는 손바닥, 걸상에 걸친 엉덩이, 구두를 신거나 마루에 서 있는 발바닥의 감촉들을 자세하게 살핀다. 다시 한 번 어깨, 팔, 등, 손바닥, 엉덩이, 발바닥으로 옮겨가며 그곳의 감촉들을 놓치지 않고 느껴본다. 한 번 더 천천히 어깨, 팔, 등, 손, 엉덩이, 발로 내려갔다가 부드럽게 눈을 뜬다. 모두 마쳤다.

이 연습을 하는 동안 당신에게 무슨 일이 일어났는가? 심신이 편안했는가? 아니면 긴장이 되었는가? 대부분 사람들이 편안함을 느끼지만 드물게 긴장하는 사람도 있다. 혹시 긴장이 느껴지거든 그것을 관찰 대상으로 삼아보기 바란다. 몸의 어느 부위가 어떻게 긴장하고 있는가? 될 수 있는 대로 깨어서 긴장을 지켜보면 차츰 편안해질 것이다.

이 연습을 5분이나 10분쯤 하다 보면 졸리다가 잠이 들 수 있다. 그만큼 심신이 편안해졌다는 얘기다.

이 연습이 내가 말한 평화를 당신에게 가져다주었는가? 이것은 편안해지는 연습이 아니라 마음을 모아 알아차리는 연습이지만, 그래도 당신에게 평화를 안겨주었다면 그 또한 좋은 일이다. 사실, 믿기 어려울 정도로 이 연습은 거의 반드시 평화를 안겨준다. 이 연습을 하는 동안 무슨 일이 당신에게 일어났는지 알겠는가? 그것은 마치 당신이 당신 안으로 깊이 들어간 것과 같다. 온갖 종류의 사물을 느끼고 그것들을 경험하고 그것들 안에 숨어 있는 경이驚異를 본 것과 같다.

하루는 하느님이 사람들에게 싫증이 났다. 인간들이 시도 때도 없이 무언가를 달라며 귀찮게 했던 것이다.

'아무래도 당분간 숨어 있어야겠다.'

이렇게 생각한 하느님이 천사들에게 물었다. "내가 어디에 숨으면 좋겠는가?"

한 천사가 말했다. "땅 위의 가장 높은 산꼭대기에 숨으십시오."

다른 천사가 말했다. "아닙니다. 거긴 인간들이 금방 올라올 거예요. 깊은 바다 밑바닥에 숨으십시오. 거기라면 아무도 못 찾아올 테니까요."

그러자 다른 천사가 말했다. "달 뒤편에 숨으십시오. 숨기에는 거기가 최고로 좋은 장소입니다. 인간들이 감히 그리로 가볼 생각인들 하겠습니까?"

하느님이 지혜의 천사에게 물었다. "그대는 내가 숨을 만한 곳으로 어디를 추천하겠는가?"

지혜의 천사가 대답했다. "인간들 가슴에 숨으십시오. 거기가 그들의 발길이 닿지 못할 유일한 곳입니다."

 참으로 근사한 이야기다! 방금 우리가 해본, 몸의 느낌에 마음을 모으는 연습이 바로 당신을 가슴으로 데려가는 연습이었다. 가슴으로 돌아간다는 게 그런 것이다. 그렇게 간단한 방식으로 당신은 고향집으로, 당신 자신한테로 돌아간다. 그러기 위해서 해야 하는 일은 당신 몸의 느낌을 세밀하게 관찰하는 것이 전부다. 하지만 당신은 그것을 스스로 해야 한다.

 계속 연습하면 차츰 당신에게 평화를 가져다주는 신비스런 현상들을 경험하게 될 것이다. 가슴이 평안해지고 두려움은 사라질 것이다. 그러나 여기에는 시간이 필요하다. 즉석에서 맛보는 인스턴트 평화는 없다. 평화는 시끄럽지 않게 조용히 추구되어야 하는 무엇이다.

 당신은 시간이야말로 내게 부족한 것이라고 말할는지 모르겠다. 하지만 그렇지 않다. 당신이 지금 자동차를 운전하고 있다고 치자. 손바닥에 닿는 핸들을 느끼고, 엉덩이에 닿는 시트를 느끼고, 발로 밟는 브레이크를 느껴보라. 물론 눈

은 감지 말고! 길을 걸을 때에는 온몸의 움직임을 구석구석 느껴본다. 그러다 보면 어느새 당신은 고요해져 있을 것이다. 이런 연습이 무엇을 가져다주는지 실제로 해보면 누구나 금방 알 수 있다.

이제 당신은 진짜로 자리에 앉아 몸의 느낌을 살펴보는 연습을 해보고 싶은 마음이 들 것이다. 그렇다면 정수리부터 시작하여 온몸의 느낌을 관찰해 보라. 얼굴, 목, 가슴으로 해서 발가락까지 내려온다. 그런 다음 다시 머리에서 발가락까지 되풀이한다.

이 연습으로 어떤 효과를 볼 수 있는지에 대하여 말하기는 쉬운 일이 아니다. 동양에서는 보통 "해봐라. 알게 된다!"고 말한다. 그래도 이 연습으로 얻을 수 있는 한두 가지 효과를 말해 보겠다.

우선 당신은 이 연습을 하는 동안 지금 이 순간에 현존할 수 있다. 지금 여기에 실재한다는 사실이야말로 놀라운 일이다! 당신은 물건을 어디에 두었는지 잘 생각나지 않는 그런 사람인가? 언제나 긴장하여 쉽게 피곤해지는가? 집중이 잘 되지 않는가? 건망증이 심한가? 그렇다면 당신이야말로 지금 이 순간을 살아야 할 필요가 있다는 얘기다.

동양의 한 위대한 구루가 행정 관리들에게 말했다. "그대들이 세속의 업무에 계속 빠져 있으면, 마른 땅으로 나온 물고기처럼 죽게 될 것이오. 물고기는 물로 돌아가야 해요. 거기가 그들이 살 곳이니까. 그대들도 각자 제 가슴으로 돌아가야 하오."

그러자 행정 관리들이 물었다. "그러면 우리가 맡은 일을 모두 버리고 수도원으로 들어가라는 말인가요?"

구루가 말했다. "아니, 아니, 수도원으로 가라고는 하지 않았소. 그대들 일을 계속하면서 저마다 자기 가슴으로 돌아가시오."

무슨 말인지 아시겠는가? 가슴으로 돌아가라는 것은 무슨 신비스런 판타지 속으로 들어가라는 게 아니다. 그대 고향집으로, 그대 자신에게로 돌아가라는 것이다. 달리 말하면 지금 여기로 돌아오라는 말이다. 거기에서 당신은 비로소 살게 될 것이다.

이 연습이 가져다주는 또 다른 효과가 있다. 이 연습으로 당신은 고요해지고 그리고 천천히 가라앉게 된다. 스피드는

좋은 것이다. 그것을 반대할 이유가 없다. 하지만 스피드가 서두름으로 바뀌면 그건 독毒이다.

일본에 이런 말이 있다. "걷기를 그치는 날, 너는 도착할 것이다." 나는 이렇게 말하겠다. "달리기를 그치는 날, 너는 도착할 것이다."

박물관에서 아버지가 아들에게 말한다. "서둘러라. 그렇게 하나하나 걸음을 멈추고 보다가는 아무것도 못 보겠다!" 인생을 이렇게 산다면 얼마나 끔찍한 일인가! 그런데 사실 지금 우리 모두가 그러고들 있지 않은가? 우리는 언제 어디서나 시각을 다투고, 그러느라고 인생 자체를 잃어버린다. 예수께서 이르셨다. "온 세상을 얻고서 자기 영혼을 잃는다면 그게 다 무슨 소용이란 말인가?"

나는 자기 아내와 여행중이던 젊은이를 기억한다. 그는 스피드광이었다. 아내가 지도를 보면서 말했다. "여보, 우리 지금 길을 잘못 들었나봐." 그가 말했다. "상관없어. 우린 지금 기록을 깨는 중이라고!" 이게 바로 현대인의 딱한 모습이다. 우리 대부분이 그렇게 살아간다. 하지만 위에서 해본 연습이 당신을 천천히 가라앉혀 준다는 얘기다!

당신은 어떤 작업을 하는 데 시간을 얼마나 쓰는가? 20분? 이제부터 21분을 써라. 무슨 웃기는 소리냐고 반문할 사람이 있을 것이다. 그래도 21분이다! 당신은 커피 한 잔 마시는 데 시간을 얼마나 쓰는가? 10분? 이제부터 11분을 쓰는 거다. 그렇게 하는 일마다 몇 초쯤 시간을 더 쓰는 것으로 누구나 큰 효과를 보게 되어 있다. 이런 식으로 연습을 꾸준히 하면 당신은 일 주일 안에 지금 여기를 살기 시작할 것이다.

인도의 한 사업가가 내게, 자기는 일에 지장이 있을까 염려되어 명상을 못한다고 말했다. 나는 바쁘고 활동적인 사람이야말로 명상이 필요한 사람이라고, 내가 소개하는 명상법은 번잡한 세상에서 멀리 떠나 있는 은수자들을 위한 것이 아니라고 말해 주었다. 그는 망설이다가 결국 명상을 해 보기로 마음먹었다. 그런데 명상을 시작한 뒤로 그의 사업 규모가 세 배로 커졌다.

그는 전보다 많이 편안해졌고, 한 번에 한 가지 일을 집중하여 할 수 있게 되었다. 그것이 바로 기도, 곧 마음 모으기 concentration에서 얻는 큰 혜택이다. 한 번에 한 가지 일을 하면서, 그 일에 몸과 마음과 정성을 쏟는 것이다.

어째서 그의 사업이 커졌는지, 그의 능력이 더욱 신장되었는지, 그 이유를 이해하는 것은 어려운 일이 아니다.

이 연습은 영적인 것인가? 이것이 명상인가? 그렇다. 동양에는 이 한 가지 명상법만으로 영성의 높은 경지에 오른 사람이 헤아릴 수 없이 많다. 그것이 기도의 요령이다. 하느님과 영성은 인간의 삶 안에서 찾아야 한다. 밖이 아니다. 내가 침묵에 대하여 한 말을 기억하는가? 여기서도 마찬가지다.

그러면 기도는 어떤가? 그것은 당신이 기도를 어떻게 정의하느냐에 달려 있다. 만일 기도를 하느님과의 대화 conversation로 본다면 이 명상은 기도가 아니다. 왜냐하면 당신이 몸의 느낌이나 움직임에 의식을 집중하는 동안 하느님과 대화를 하는 게 아니기 때문이다. 하지만 기도를 하느님과 하나됨union으로 본다면 이 명상이야말로 진짜 기도다. 몸의 느낌에 의식을 모으는 단순한 연습을 통하여 당신은 기도를 더욱 깊이 이해할 수 있게 될 것이다.

이 연습으로 얻는 혜택은 이것 말고도 많이 있다. 하다 보면 당신 스스로 그것들을 찾게 될 것이다. 참을성이 부족한 사람이라면 특히 이 연습을 계속하되 다른 두 가지 간단한 연습을 병행하는 게 좋겠다. 그 중 하나가 받아들이기 연습이다. "주님, 저에게 바꿀 수 있는 것은 바꾸고 바꿀 수 없는 것은 받아들이는 은총을 주시고, 이 둘을 분별하는 지혜를 주십시오." 살다 보면 우리 힘으로 어찌 할 수 없는 일을 많이 당한다. 그것들에 대하여 우리는 무력하기만 하다. 그것들 앞에서 "예"라고 말하는 법을 배운다면 우리는 평화를 맛볼 것이다. 평화는 "예" 안에 있다. 당신은 시간을 멈출 수 없다. 사랑하는 이의 죽음을 미리 막을 수 없다. 당신 육체의 한계를 뛰어넘을 수 없다.

그러므로 당신이 바꿀 수 없는 것들 앞에 자신을 세우고 "예"라고 말하라. 그렇게 할 때 당신은 하느님 앞에서 그 말을 하고 있는 것이다. 물론 쉬운 일은 아니다. 억지로 하지 마라. 하지만 진심으로 "예"라고 말할 때 당신은 하느님의

뜻을 향하여 "예"라고 말하는 것이다. 이 태도를 계속 유지함으로써 당신이 바꾸려고 애쓰는 일들 앞에서도 평화를 누리게 될 것이다.

두 번째 보충 연습은 무착無着, detachment 연습이다. 어린 시절 가지고 싶은 것이 있을 때 당신은 자나 깨나 그것만 생각했다. 그것 없이는 살 수 없을 것 같았다. 또 당신이 무섭고 싫었던 것을 생각해 보라. 그렇게 갈망하던 것들, 싫었던 것들이 지금은 어찌 되었는가? 모두 가버렸다. 안 그런가?

이제부터 연습을 시작한다. 지금 당신이 의존하고 있는 것, 책임지고 있는 것, 빼앗기고 싶지 않은 것의 목록을 작성하라. 그리고 그것들 하나하나에게 말하라. "너는 사라질 것이다." 이번엔 참을 수 없을 만큼 싫은 것들의 목록을 만들고 그것들 하나하나에게 말한다. "너 또한 사라질 것이다."

예수가 태어났을 때 천사들은 평화를 노래했고, 죽어가면서 예수는 자기 평화를 선물로 남겼다. "내 평화를 그대들에게 준다." 평화는 선물이다. 우리는 그것을 만들어낼 수 없다. 우리가 할 수 있는 일은 마음을 열고, 스스로 창조된 평화를 받아들이는 것이 전부다.

시리아 장군이 이스라엘 예언자를 찾아와 나병을 고쳐 달라고 했을 때 예언자가 말했다. "요르단 강물에 일곱 번 목욕하시오." 장군이 화를 내었다. "우리나라에 이보다 좋은 강이 얼마든지 있다. 나보고 요르단 강에서 목욕하라고? 나는 이 예언자가 내 몸에 손을 얹어 병을 고쳐주리라고 생각하였다!" 그러자 장군의 부하가 말했다. "장군님, 예언자가 좀 더 어려운 일을 시켰더라면 그대로 하셨을 것 아닙니까? 쉽고 간단한 일인데 한번 해보시지요."

여기서 내가 일러주는 쉽고 간단한 연습을 한번 해보시라! 그 효과가 과연 있을 것인지 믿어지지 않겠지만, 일단 경험을 하면 따로 믿으려고 애쓸 필요도 없을 것이다.

4

행복 Happiness

　기독교 문학에서 가장 많이 인용되는 구절들 가운데 하나가 아우구스티누스의 이 말이다. "오, 주님. 우리 가슴은 당신을 위하여 창조되었고, 당신 안에 머물기까지 쉴 수가 없나이다." 이 구절을 읽을 때마다 나는 인도의 위대한 신비주의 시인 카비르가 생각난다. 그는 다음과 같은 말로 시작되는 아름다운 시 한 편을 남겼다. "물속의 고기가 목마르다는 말에 나는 웃었네."

　상상해 보라. 물고기가 물속에서 목이 마르다! 어떻게 그럴 수 있는가? 우리 인간들은 하느님 품에 안겨 있으면서 쉬지를 못한다. 창조된 세계를 보라. 나무, 새, 풀, 짐승들…… 모두가 기쁨으로 충만해 있다. 모든 피조물이 행복하다. 물론 그들에게도 고통, 괴로움, 성장, 쇠퇴, 늙음 그리고 죽음이 있다는 사실을 나는 안다. 분명 이 모든 것들이 피조물 안에 있다. 그러나 우리는 무엇이 그들을 행복하게 하는지 알아야 한다. 유독 사람만이 목마르고 사람만이 쉴 줄을 모른다. 무엇이 사람을 불행하게 만드는가? 무엇을 어떻게 하면 그 불행을 행복으로 바꿀 수 있을까? 어째서 사람들은 저토록 슬픈 것인가? 까닭은 그들이 틀린 생각과 잘못된 태도로 살아가기 때문이다.

　행복에 대하여 그들이 가진 첫 번째 틀린 생각은 그것이 감각의 쾌락, 재미, 도취를 의미한다고 보는 것이다. 그런 생각에 근거하여 사람들은 이리저리 마취제와 흥분제를 찾아다니다가 결국 좌절하고 만다. 이것이 우리가 스스로 벗어나야 하는 첫 번째 틀린 생각이다. 우리가 도취되어야 할 유일한 것은 생명life 자체다. 생명은 우리를 조용히 도취시키면서 언제까지나 이어진다. 생명 아닌 다른 무엇에 도취되는 것은 행복이 아니다.

　행복에 대한 두 번째 틀린 생각은 우리가 자신의 행복을 추구할 수 있고 그것을 얻기 위하여 무엇을 할 수 있다고 보는 것이다. 지금 나는 뒤에 스스로 뒤집을 말을 하고 있다. 우리가 행복에 이를 수 있다는 말을 할 것이기 때문이다. 그러나 행복은 추구해서 얻어낼 수 있는 무엇이 아니다. 그것은 언제나 하나의 결실consequence이다.

　행복에 대한 세 번째이자 가장 치명적인 오해는 그것을 다른 사람이나 바깥 사물 또는 상황에서 찾을 수 있다고 보는 것이다. "직업을 바꾸면 행복해지겠지." "이사를 가면, 다

른 누구와 결혼을 하면 행복할 거야." 행복은 밖에 있는 그 무엇과도 상관이 없다. 돈, 힘, 명예 따위가 행복을 가져다주겠다고 약속하지만, 그러나 그것들은 결코 그 약속을 지키지 않는다. 아니 지키지 못한다. 오히려 가난한 사람이 행복할 수 있다.

나치스에 잡혀 수용소 생활을 한 사람의 이야기를 읽었다. 그 가련한 사람은 날마다 고문을 당한다. 어느 날 나치스가 그를 다른 감방으로 옮긴다. 그런데 그 방에는 작은 창문이 있어 그리로 낮에는 푸른 하늘이, 밤에는 별들이 보인다. 그가 뛸 듯이 기뻐하며 뜻밖의 행운을 가족에게 편지로 알린다. 이 대목을 읽으면서 나는 내 방을 보았다. 내게는 마음 놓고 감상할 드넓은 자연이 있다. 어디든지 원하는 곳이면 갈 수 있는 자유가 있다. 그런데도 나는 그 가련한 사람이 맛보았던 것과 같은 희열을 과연 얼마나 경험하며 살고 있는가?

또 다른 소설의 주인공은 시베리아 집단 수용소에서 강제 노동을 하고 있다. 어느 날 새벽 운 좋게도 빵 한 개를 손에 넣는다. 그는 생각한다. '빵 조각을 조금 남겨두었다가 이따 밤에 배가 고파서 잠이 오지 않을 때 먹어야지.' 하루 노동을 마치고 돌아와 고된 몸을 눕힌 그가 얇은 담요를 덮고는, "오늘은 참 재수좋은 날이었어. 찬바람 맞으며 야외 작업을 하지 않았으니까. 게다가 오늘 밤엔 배가 고파서 잠이 깨었을 때 먹을 빵도 있잖아?" 이렇게 혼잣말을 하며 행복하게 웃는다.

그가 행복하게 웃었단다. 믿어지는가?

언젠가, 전신 마비된 여인을 만난 적이 있다. 사람들이 그녀에게 물었다. "무엇이 당신을 이토록 행복한 얼굴로 살게 하는 거요?" 그녀가 답했다. "나는 아직 살아있어서 온갖 놀라운 일을 겪을 수 있고, 아름다운 일도 할 수 있지요."

마비된 몸으로 입원해 있으면서 행복으로 충만하다. 얼마나 특별한 여인인가!

행복은 바깥에서 찾아지는 것이 아니다. 밖에서 찾을 수 있다는 그릇된 생각을 버려라. 아니면 결코 행복해질 수 없

을 것이다.

✦

　행복과 기쁨을 찾기 위해서 당신 스스로 깨뜨려 부술 것들이 또 있다. 당신의 태도 몇 가지를 바꿔야 한다. 어떤 태도? 첫 번째는 자기 중심적인 어린아이의 태도다. 당신은 "나하고 놀아주지 않으면 집으로 갈 테야"라고 말하는 아이를 본 적이 있을 것이다.

　당신은 어떤가? 평상시에 자기도 모르게 이런 말을 하고 있지 않은가? "저 사람이 나한테 그러지만 않았어도 행복했을 텐데." "이 일만 마무리되면 나는 행복할 거야." 많은 사람이 행복하지 못한 이유는 자기 행복에 이런저런 조건을 달기 때문이다. 아직도 당신 속에 이런 태도가 남아 있는가? 있거든, 버려라.

　온갖 것을 달라고 하느님께 떼를 쓰는 사람이 있었다. 하루는 하느님이 그에게 이르셨다. "네 성화에 질렸다! 딱 세 가지 소원만 말해라. 모두 들어주겠다. 그리고 그것으로 끝이다. 다시는 네 청을 들어주지 않는다. 자, 세 가지 소원을 말해 보아라."

그가 신이 나서 하느님께 여쭈었다. "아무거나 말씀드려도 됩니까?"

"되지! 하지만 세 가지다. 그 이상은 안 돼."

"하느님도 아시지요? 말씀드리기가 좀 부끄럽긴 합니다만, 제 마누라 좀 어떻게 해주십시오. 늙은 여편네가 저를 여간 구박하는 게 아니거든요. 정말 참을 수가 없습니다. 도저히 같이 못 살겠어요. 제 마누라를 없애주시겠습니까?"

"그러지. 네 원대로 해주마."

곧 아내가 죽었다. 그는 약간 미안했지만 이내 흐뭇해져서 속으로 생각했다. '매력 있는 젊은 여자와 결혼해야지.'

그런데 일가친척과 친구들이 장례식에 와서 고인이 생전에 얼마나 좋은 사람이었는지를 회상하기 시작하자 그의 마음이 바뀌었다. 그리고 슬퍼졌다. 결국 그가 하느님께 말씀드렸다. "하느님, 돌이켜보니 제가 참 훌륭한 아내와 살았군요. 그런데 아내가 살았을 때는 그런 줄 몰랐습니다. 하느님,

제 아내를 돌려주십시오!"

하느님이 말씀하셨다. "좋다. 이것으로 너의 두 번째 소원이 이루어졌다."

이제 그에게는 소원 하나가 남았다.

'뭘 달라고 하나?' 그가 자문을 구하러 친구들을 찾아갔다.

한 친구가 말했다. "돈을 달라고 하게. 돈만 있으면 뭐든지 되는 세상 아닌가?"

다른 친구가 말했다. "건강을 잃었는데 돈이 무슨 소용이람? 건강을 달라고 하게."

곁에 있던 다른 친구가 말했다. "낼 모레 죽는다면 건강해서 뭘 하나? 영생불멸을 달라고 하게."

그 가련한 사람은 정말 무엇을 소원해야 할는지 알 수 없었다. 다른 한 친구가 이렇게 말했던 것이다. "사랑하는 사람이 없는데 영생불멸이 무슨 소용인가? 사랑을 달라고 하게."

그는 생각하고 또 생각했지만 마음을 정할 수 없었다. 그렇게 하루, 이틀, 한 달, 1년, 3년…… 세월이 흘렀다.

어느 날 하느님이 그에게 물으셨다. "언제 너의 세 번째 소원을 말할 참이냐?"

그가 대답했다. "하느님, 머리가 복잡해서 무엇을 소원해야 할는지 모르겠어요. 하느님께서 가르쳐주실 수 있겠습니까?"

하느님이 웃으며 그에게 이르셨다. "좋다. 네가 무엇을 소원하면 좋을는지 말해 주마. 너한테 어떤 일이 일어나도 행복할 수 있게 해달라고 빌어라. 그것이 비결이다!"

※

두 번째 잘못된 태도는 집착이다. 좋지 않은 감정들에 집착하는 한 당신은 결코 행복할 수 없다. 좋지 않은 감정들을 아예 품지 말라는 게 아니다. 누가 그런다면 그는 사람이 아니다. 절망이나 걱정이 없고 슬픔도 상실감도 느끼지 않는다면 그 사람은 사람이 아니다! 당신은 얼마든지 안 좋은 감정을 지닐 수 있다.

그러나 고약한 점은 그것들에 집착하는 것이다. 이렇게 해 보라. 약간 어렵긴 하겠지만 효과는 만점이다. 당신이 입은 상처, 당신의 적, 당신의 단점, 당신의 수치심 등에 대하여 이렇게 스스로 묻는 것이다. "이것들을 내려놓으면 나에게

무슨 일이 일어날 것인가?"

동양에는 공안참구供案參究라는 심오한 수련법이 있다. 합리적인 답을 찾을 수 없는 문제를 스승이 제자에게 준다. 그것이 공안이다. 예를 들어 "한쪽 손바닥으로 내는 소리가 무엇이냐?" "부모가 태어나기 전의 네 얼굴을 보아라." 같은 것이다.

지금 당신에게 공안 하나를 주겠다. 스스로에게 물어보라. "안 좋은 감정들, 질투, 앙심, 상처, 적개심 등을 내려놓으면 나에게 무슨 일이 일어날 것인가?" 이 물음을 계속 붙잡고 있으면 두려움이나 분노가 겉으로 표출될는지 모른다. 그래도 계속 물어라. 당신은 굉장한 것을 발견할 것이다.

❋

기쁨과 행복을 찾을 수 있도록 당신을 도와줄 몇 가지 간단한 수련법을 소개한다.

첫 번째 수련법은 따로 자세하게 설명하는 대신, 다음 이야기에서 당신이 찾아보라.

료칸이라는 이름의 위대한 선사禪師가 산기슭에서 가난하게 살았다. 하루는 도둑이 그의 집을 부수고 들어왔는데, 아무리 둘러보아도 훔쳐갈 만한 것이 눈에 들어오지 않았다. 마침 외출했다가 돌아온 료칸이 도둑을 보고 말했다. "그대가 먼 길을 걸어서 여기까지 왔는데, 빈손으로 가게 할 수는 없는 일이지." 그러면서 자기에게 있는 옷과 담요를 모두 내주었다. 깜짝 놀란 도둑이 엉겁결에 옷과 담요를 들고 자취를 감추었다. 그가 떠난 뒤, 집주인은 문간에 서 있다가 하늘에 떠 있는 둥근 달을 보고 혼자 중얼거렸다. "딱한 친구! 저 밝은 달까지 줘서 보낼 수 있었더라면 좋았을 것을."

이 이야기에 무슨 수련법이 암시되어 있다고 보는가? 찾아보라. 장기적인 효과를 원하는 사람에게 공안은 아주 좋은 수련법이다. 혹시 단기적인 효과를 원하는가? 즉석에서 맛보는 기쁨을 경험하고 싶은가? 지금 곧 행복해지기를 원하는가? 그렇다면 다음 두 가지 방법을 권한다.

첫 번째 방법.
자신에게 이렇게 말한다. "나는 얼마나 행운아인가? 이 얼

마나 고마운 일인가!"

고마워하면서 행복하지 않기란 불가능한 일이다.

어떤 사람이 랍비에게 달려가서 말했다. "선생님, 도와주십시오. 제 집안 형편이, 마누라와 자식들에 조카까지 겨우 방 하나에 살고 있답니다. 지옥이 따로 없지요."

랍비가 웃으며 말했다. "좋아, 도와주지. 그런데 한 가지, 내가 시키는 대로 하겠다고 약속해야 하네."

"약속합니다. 하고말고요! 말씀만 하십시오."

"자네 집에 가축이 몇 마리 있는가?"

"암소와 염소가 한 마리씩, 그리고 병아리 여섯 마리가 있습니다."

"그것들을 모두 방에 들여서 함께 살다가 한 주간 뒤에 오시게."

그는 귀가 의심스러웠지만 약속은 약속인지라, 집으로 돌아와 가축들을 방에 들여놓았다.

그렇게 한 주간을 어렵게 보내고, 잔뜩 낙심이 되어 랍비에게 와서 말했다. "미치겠어요. 숨이 막힐 지경입니다. 도대체 저에게 무슨……"

랍비가 말했다. "가서 짐승들을 모두 내보낸 다음, 한 주 뒤에 다시 오시게."

한 주 뒤에 랍비를 만나러 온 그의 얼굴이 환하게 빛나고 있었다. "선생님, 낙원이 따로 없어요. 제 집이 바로 낙원입니다!"

아시겠는가? "나는 구두 한 켤레 없는 가난한 신세를 한탄하며 늘 불만이었다. 다리 없는 그 사람을 만날 때까지!"

헬렌 켈러를 생각해 보자. 들을 수도, 말할 수도, 볼 수도 없었지만, 그녀는 활기 넘치는 인생의 주인공이었다. 감사할 줄 안다면 당신도 행복의 비결을 발견할 것이다. 당장 해보시라.

방금 전에 말한, 전신 마비된 여인의 처지가 되어보라. 느낌을 실감하기 위하여 몸을 바닥에 눕혀보는 것도 좋은 방법이다. 당신은 지금 온몸이 마비되어 있다. 그리고 당신은 말한다. "나는 아직 살아있어서 온갖 놀라운 일을 겪을 수 있고 아름다운 일도 할 수 있지요." 이제 당신은 사랑과 함께 미각, 후각, 청각, 시각, 촉각을 모두 동원하여 새들의 노래 소리, 나뭇잎에 스치는 바람소리, 친구들의 목소리를 듣

고 그들의 얼굴을 본다. 그 모든 것을 보고 듣고 만질 수 있다는 게 얼마나 고마운 일인지 당신은 알게 될 것이다.

두 번째 연습은 이렇게 한다. 매우 간단하다. 어제를 생각해 보라. 어제 있었던 일을 기억나는 대로 하나하나 떠올리며 차례로 말해 준다. "고맙다!" "그런 일이 있어서 얼마나 다행인지!" 물론 불쾌한 일들도 생각날 것이다. 그러면 숨을 멈추고 이렇게 생각한다. "내게 무슨 좋은 선물을 주려고 그 일이 있었던 거야." 그렇게 생각하고, 그러니까 감사한 다음, 연습을 계속한다.

앞의 두 연습은 감사에 관계된 것들이다. 마지막 세 번째 연습은 믿음faith, 모든 것이 나에게 좋은 결과를 가져다주기 위하여 하느님의 허락을 받고 내게 주어진 것이라는 믿음에 관계된 것이다. 나는 이 연습을 '강복blessing'이라고 부른다. 지난날에 있었던 일들을, 기분 좋은 일이든 나쁜 일이든 생각나는 대로 떠올린다. 그리고 말한다. "나를 위해 좋은 일이었어! 그래, 좋은 일이었어!" 지금 일어나고 있는 일들을 생각하며 말한다. "좋은 일이야. 그래, 좋은 일이야." 미래를 생각하며 말한다. "잘될 거야. 아무렴, 잘될 거야." 그러면서 당신에게 무슨 일이 일어나는지 살펴보라. 모든 것이 하느님 손 안에 있다는 믿음, 모든 것이 우리의 행복에 이바지하고 있다는 믿음, 그 믿음이 당신의 행복으로 바뀔 것이다.

마을로 지나가는 수도승을 만나러 달려간 사람 이야기가 있다.

그가 수도승에게 말한다. "그 보물을 내게 주시오!" 수도승이 묻는다. "무슨 보물을 말하는 거요?" 그가 수도승에게 말한다. "간밤 꿈에 하느님이 내게 말씀하셨소. '내일 수도승 하나가 이 마을을 지나갈 것이다. 그에게 값진 보물을 달라고 하여라. 그가 그것을 너에게 주면 너는 이 나라 제일가는 부자가 될 것이다.' 자, 그러니 어서 그 보물을 내게 주시오!"

수도승이 보따리를 뒤져 큼지막한 다이아몬드를 꺼낸다. 사람 주먹만큼이나 되는, 세상에서 가장 큰 다이아몬드다. "이 돌을 말하는 거요? 자, 가지시오."

그가 다이아몬드를 받아들고 급히 집으로 달려간다. 그러나 그날 밤이 새도록, 그는 편안하게 잠을 이루지 못한다. 이튿날 아침, 그가 되돌아가 나무그늘에서 늦잠을 자고 있는 수도승을 깨워 말한다. "여기 당신 돌을 도로 가져왔소. 받으

시오. 대신에 이런 보물을 아무렇지도 않게 내어줄 수 있는 당신의 그 부富를 내게 주시오."

바로 이것이, 행복을 원하는 사람이라면 마땅히 찾아야 할 보물이다.

5

삶 Life

하루는 붓다가 제자들에 둘러싸여 앉아 있는데, 웬 노인이 나타나 그에게 물었다. "당신은 얼마나 더 오래 살고 싶소? 백만 년쯤 살게 해달라고 청하시오. 모두들 당신에게 고맙다고 할 게요."

붓다가 지체 없이 말했다. "8년만 더 살았으면 하오."

노인이 사라지자, 낙심한 제자들이 물었다. "선생님, 왜 백만 년을 요구하지 않으셨나요? 그동안 선생님께서 얼마나 좋은 일을 많이 하실 수 있겠는지 생각해 보십시오."

붓다가 웃으며 대답했다. "내가 백만 년을 살겠다고 하면 사람들은 지혜를 찾기보다 수명 연장에 더 많은 관심을 기울일 걸세!"

붓다의 말뜻을 아시겠는가? 사람들이 삶의 질을 높이는 것보다 살아남는 데 더 마음을 쓴다는 얘기다. 옳은 말씀! 자기 삶의 질을 높이는 데 시간과 기운을 쓰는 사람이 참으로 드물다. 당신은 살아있지 않으면서 살 수 있다. 사람들은 자기가 숨 쉬고 말하고 먹고 일하고 여기저기로 옮겨 다니니까 살아있다고 생각한다. 물론 그들은 죽지 않았다. 그러나 정말 그들은 살아있는 걸까? 사람이 살아있다는 게 무엇을 뜻하는가?

그것은 세 가지를 의미한다.

너 자신이 되는 것, 지금 있는 것, 그리고 여기 있는 것이다.

살아있음은 자기 자신으로 존재함이다. 당신이 당신인 그만큼 당신은 살아있다. 사람들은 물을 것이다. "내가 나 아니라고? 내가 나 아니면 누구란 말인가?" 당신은 얼마든지 당신이 아닐 수 있고, 누군가의 꼭두각시 인형일 수 있다.

당신한테 꼭두각시 인형이 있다. 당신은 그 뇌에 라디오 수신기를 장치하고 지구 반대편 어디로 보낸다. 중국이라고 하자. 여기서 당신이 메시지를 보낸다. "일어서." 중국에서 인형이 일어선다. "앉아." 인형이 앉는다. "누워." 인형이 눕는다. 중국 사람들이 어리둥절하여 수군거린다. "이 물건한테서 지금 무슨 일이 일어나고 있는 거지?" 인형은 지금 원격조종을 당하고 있는 것이다. 바로 이것이, 오늘날 헤아릴 수 없이 많은 사람들한테서 연출되고 있는 바로 그 모습이다!

사람들이 내게 와서 여러 가지 문제로 상담을 한다. 나는 자주 나에게 묻는다. "지금 이 사람 목소리로 말하고 있는 게 누굴까?" 걱정하고 좌절하는 많은 사람이 온갖 편견으로

가득 차 있는 것을 나는 본다.

원자핵을 깨는 것이 편견을 깨는 것보다 쉽다고 아인슈타인이 말했다. 거의 모든 사람이 자기로 살지 않는다. 누군가의 원격 조종을 받고 있다. 저마다 꼭두각시 인형처럼 동작, 느낌, 태도가 기계적이다. 살아있는 느낌, 살아있는 동작을 찾아보기 어렵다. 그러면서 자기가 그러고 있는 줄을 모른다. 그들은 지금 과거 사람이 하는 말과 과거 경험이 내는 소리에 반응하고 있다. 과거 경험이 그들에게 영향을 미치고 그들을 지배한다. 결국 그들은 자유롭지 못하고, 그러니까 살아있는 게 아니다. 이것이 영성 생활을 가로막는 가장 큰 장애물이다.

"내 제자가 되려면 자기 아버지와 어머니를 미워해야 한다." 예수의 이 말에 사람들은 충격을 받았다. 도대체 무슨 뜻인가? 말 그대로 부모를 미워하라는 뜻은 아니었다. 물론이다! 우리는 모든 사람을 사랑하듯이 부모도 사랑해야 한다. 예수가 말한 아버지와 어머니는, 성장한 자식들 안에 있으면서 여전히 그들을 지배하고 있는 아버지와 어머니다. 그들의 목소리다! 우리는 그것에서 해방되어 밖으로 나와야 한다. 기계적으로 살기를 그만둘 때 우리는 꼭두각시로 살기를 그만둘 것이다. 도대체 살아있지를 않으면서 무슨 수로 영성 생활을 한단 말인가? 기계처럼 꼭두각시 노릇을 하면서 어떻게 예수의 제자가 되겠다는 건가?

물어야 할 기본 질문은 이것이다. 어떻게 기계로 살기를 그만둘 것인가? 이 물음에 답을 얻도록 도와줄 수련법이 있다. 보기에는 쉽지만 그렇지 않다. 그래도 꾸준히 하면 달라진 당신을 보게 될 것이다.

이렇게 해보자. 최근에, 어제도 좋고 그제도 좋다, 당신이 겪은 일들을 기억해 낸다. 안 좋았던 일이 생각난다 해서 망설일 건 없다. 불쾌한 기억이면 더 좋다. 그 일을 생각할 때 당신의 반응이 어떤지를 성찰한다. 당신의 감정은 어떻게 반응하는가? 그 일에 대하여 당신은 어떤 생각, 어떤 태도를 고집하고 있는가? 그냥 묻고, 당신이 어떻게 반응하는지를 보기만 하라. 혹시 당신은 스스로에게 이런 질문을 할 용기가 있는가? "이것이 내 안에 있는 다른 누군가의 반응은 아닐까? 과거의 누구를 아직도 내가 속에 담고 있는 건 아닐까?"

이 작업은 몇 초 동안이면 충분히 할 수 있다. 길어야 1분

이다. 연습을 더 하고 싶으면 과거의 다른 일로 옮겨가서 같은 방식으로 할 수 있다. 그냥 당신의 반응을 보기만 하라. 판단하지 말고 보는 거다. 비난도 말고 칭찬도 말고, 불편부당한 관찰자가 되어 그냥 본다! 앞에서 내가 제시한 질문을 하지 않아도 된다. 그렇게 묻는 것이 불편하면 묻지 마라. 그냥 보라.

기계가 사라지고 그 자리에 생명이 들어오면서, 당신은 뭔가 달라진 것을 느끼게 되리라. 시간이 부족하다? 이게 가장 큰 문제다. 많은 사람이 내게 시간이 없다고 말한다. "어딜 가면 수련할 시간을 가질 수 있을까요?" 당신은 시간을 어떻게 보내고 있는가? 계속해서 그 모양으로 기계처럼 살 것인가?

한 사람이 강도를 만났더란다. "돈이냐? 목숨이냐?" 그가 대답했다. "좋다, 목숨을 가져가라. 이 돈은 내 노후 자금이니까." 차라리 우스개였으면 좋겠다.

하루 동안 일어나는 일에 당신이 어떻게 반응하는지를 지켜보라. 당신은 무슨 확신을 고집하고 있는가? 그것에 의문을 제기하라! 당신은 당신의 확신에 대하여 스스로 질문할 수 있는가? 아니라면, 당신은 편견에 사로잡힌 기계다.

훌륭한 랍비였던 아버지만큼 훌륭한 아들 랍비가 있었다. 사람들이 그에게 말했다. "랍비, 당신은 아버지하고 너무 다릅니다!" 젊은 랍비가 웃었다. "아니오, 난 아버지를 쏙 빼닮았소. 우리 아버지는 어느 누구도 닮지 않았는데 나 또한 아무도 닮지 않았으니까. 그분은 복사판이 아니었고, 나도 아니오." 독특한 존재로 되기, 이게 살아있는 것이다. 당신 안에 있으면서 당신을 원격 조종하고 있는 목소리들을 모두 내버려라.

당신이 살아있기 위해서 필요한 두 번째 요소는 '지금 있기being now'다. 무슨 뜻인가? 사람들이 극히 드물게 알고 있는 사실, 즉 과거는 비현실이고 미래도 비현실이고 따라서 과거나 미래에 사는 것은 죽은 것과 마찬가지라는 사실을 머리 아닌 몸으로 안다는 뜻이다.

물론 과거가 우리의 오늘을 있게 하고, 우리에게 큰 영향을 미치고, 큰 교훈이 될 수도 있다는 사실은 누구나 안다.

좋다! 하지만 그것들은 실재하는real 것이 아니다! 우리는 미래를 설계해야 한다. 당연하다. 만일 당신이 미래를 계획하지 않았다면 지금 이렇게 내 말을 듣고 있지도 않을 것이다. 하지만 미래 역시 실재하는 건 아니다. 우리 머리 안에 있는 생각일 뿐이다. 그리고 미래나 과거에 사는 그만큼 당신은 지금 여기에 있지 않은 것이다.

한 가족이 삼박사일 예정으로 스위스 휴가 여행을 떠났다. 몇 달 전부터 그들은 여행 계획을 세웠고 스위스에 도착해서는 돌아오는 계획을 짜느라고 많은 시간을 보냈다. 스위스에 머무는 동안에는 아름다운 풍광을 즐기고 신선한 공기를 마시는 대신 친지들에게 보여줄 사진을 찍느라고 분주했다. 그들의 몸은 스위스에 있었지만 그들은 어디 다른 곳에 있었다. 실재하지 않는 휴가, 실재하지 않는 삶이다! 우리는 미래 문화―내일의 문화―에 살고 있다. 내일 나는 행복할 것이다, 내일 나는 제대로 살 것이다, 고등학교에 들어가면 제대로 살 것이다, 대학교에 들어가면 제대로 살 것이다, 대학교에 들어간 당신은 이렇게 말하겠지. "결혼만 하면 제대로 살 것이다." 결혼한 다음에는? "오케이, 아이들만 다 크면 제대로 살 것이다!" 그래 가지고는 아이들이 다 커서 시집장가를 가도 당신은 제대로 사는 게 뭔지 모른다! 결국 당신은 한 번 제대로 살아보지도 못한 채 죽기 십상이다.

충격받을 준비가 되어 있는가? 이제부터 당신의 삶을 탐색해 본다. 당신의 생각들을 살펴보라. 그것들이 얼마나 자주 과거 아니면 미래로 가 있는지 보일 것이다. 당신이 현재에 있는 시간이, 그리하여 제대로 살아있는 시간이, 얼마나 짧은지를 보면 그 자체가 충격이다.

자, 지금 당신은 오렌지를 먹으려고 껍질을 벗기고 있다. 당신 마음이 맛있는 오렌지 먹는 데 가 있으면 당신은 지금 껍질을 벗기고 있는 게 아니다. 마음이 오렌지 껍질 벗기는 데 있지 않기 때문이다. 오렌지를 먹을 때도 마음이 다른 어디에 가 있는 한 당신은 오렌지를 먹는 게 아니다.

늙은 뱃사공이 순례자들을 배에 태우고 강을 건너는 중이었다. 그들 가운데 한 사람이 뱃사공에게 물었다. "당신 건너편 신전에 가보았소?" "아니, 못 가봤어요." 뱃사공이 말을 계속했다. "아직 이 강물이 내게 보여주는 것도 다 못 봤거

든요. 이 강에서 나는 지혜를 보았고 평화를 찾았고 하느님을 만났다오." 하지만 순례자들은 강물에 눈길조차 주지 않았다. 강 건너 신전에 마음이 가 있어서 강물이 눈에 들어오지 않았던 것이다. 우리들 살아가는 모양이 그와 같지 않은가? 커피를 마시려고 컵을 씻는데 마음이 거기 있지 않아서 진짜로 컵을 씻지 않는 것과 같다. 커피를 마시는데 마음이 다른 데 가 있어서 진짜 커피를 마시지 않는 것과 같다. 비극이다. 우리의 삶이 보이지 않는 틈으로 새어나가고 있다!

이 병을 어떻게 고칠 것인가? 전설에 의하면, 붓디기 깨달음을 얻기 위하여 온 나라를 돌아다니며 온갖 방법을 다 배우고 수련해 보았지만 깨달음을 얻지 못했다. 마침내 수련을 포기하고 절망 상태가 되어 보리수나무 그늘에 앉았다가 거기서 깨달음을 얻었다. 몇 년 뒤에 제자들이 그에게 물었다. "스승님, 깨달음의 비밀을 말해 주십시오. 어떻게 하면 그것을 얻을 수 있습니까?" 거기엔 비밀도 없고 기술도 없다. 붓다는 그것을 설명코자 했지만, 제자들이 원한 것은 기술이었다.

그러자 붓다가, 아마도 눈을 찡긋 하면서 그들에게 말했다. "좋다. 그럼 내가 기술을 일러주지. 숨을 들이쉴 때에는 지금 숨을 들이쉬고 있음을 알아차려라. 숨을 내쉴 때에는 지금 숨을 내쉬고 있음을 알아차려라. 이게 기술이다." 싱겁지 않은가? 도무지 무슨 신기한 방법처럼 보이지를 않는다. 당신은 붓다의 의도를 알겠는가? 그는 제자들이 '지금 여기'에 있기를 원한 것이다! 그는 깨달은 사람이었다. 그러므로 그는 알고 있었다, 하느님은 내일이 아니다.(God isn't tomorrow.) 하느님은 지금이다.(God is now.) 삶은 내일이 아니다. 사랑은 내일이 아니다. 그것은 지금이다. 깨달음은 지금이다. 당신이 지금으로 돌아온다면 당신에게 그 일이 일어날 수 있다. 그렇다, 그것은 일어날 수 있다.

이것은 평화를 위한 수련과 아주 비슷하다. "무슨 일을 하든지, 일을 하면서 당신이 하고 있는 것을 말로 표현하라." 현재로 들어오기 위한, 지금 여기의 삶으로 들어오기 위한 아주 좋은 수련법이다. 이것이, 당신이 살아있기 위하여 해야 할 두 번째 일, 곧 당신 자신으로 '지금' 존재하는 것이다.

　이제 세 번째 일로 넘어가자. '여기 있기being here'다. '여기 있기'는 말 그대로, 당신 머리에서 나와 당신 가슴으로 들어가는 것이다. 추상적 개념을 등지고 경험 자체로 들어가는 것이다.

　한국전쟁 때 참전한 병사 이야기가 있다. 어느 해 추수감사절, 향수에 젖어 있던 그를 한 미국인 가정이 만찬에 초대하였다. 그가 집에 도착했을 때, 식탁에 놓여 있는 칠면조 요리는 그를 깜짝 놀라게 하고도 남았다. 그런데 식사가 시작되자 곧장 집주인과 토론에 들어갔다. 토론이 끝나면서 식사도 끝이 났다. 그때서야 병사는 자기가 식사를 즐기지 못했다는 사실, 칠면조 고기를 전혀 맛보지 못했다는 사실을 알게 되었다. 식사가 진행되는 동안 그는 그 자리에 없었던 것이다.

　토론은 좋은 것이다. 이념도 물론 좋은 것이다. 하지만 이념이 곧 삶은 아니다! 그것들은 인생의 훌륭한 안내자일 수 있다. 그러나 그것이 곧 인생은 아니다. 삶은 경험 안에서 발견되는 것이다. 토론이나 이념은 음식점의 차림표와 같다. 차림표를 보고 음식을 주문할 수는 있지만, 그러나 차림표를 먹는 것은 아니다. 진짜 고약한 경우가 있다. 차림표를 먹는 사람들이 없잖아 있다는 사실이다! 그들이 이념을 좇는 동안 보이지 않는 틈으로 삶이 새어나간다.

  이를 극복하기 위하여 무엇을 어떻게 할 것인가? 크리슈나무르티는 말한다. "아이에게 새의 이름을 가르쳐주는 그날부터 아이는 새를 보지 않는다." 한 아이가 온갖 신비와 경이로 팔딱거리는 작은 물체를 보고 있는데, 어른이 와서 가르쳐준다. "그건 참새란다." 이제 그 아이는 참새라는 관념 idea을 가지게 되었다. 그 뒤로 참새를 볼 적마다 이렇게 말한다. "야, 참새다!" 이와 같은 경우가 '미국인'이라는 관념에도 적용된다. 미국인을 볼 적마다 나는 말한다. "미국인이군." 그러면서 그 존재의 독특함을 간과하는 것이다. 당신은 우리가 참새라고 부르는 이상하고 재미있고 톡톡 튀는 물체를 동그란 눈으로 바라보는 아이를 본 적이 있는가? 관념이, 단어가 참새를 보지 못하게 하는 장애물일 수 있다. '미국인'이라는 단어가, 지금 당신 앞에 있는 한 사람을 보지 못하게

하는 장애물일 수 있다. '하느님'이라는 관념이, 단어가 하느님을 보지 못하게 하는 장애물일 수 있다.

이 문제를 어떻게 풀 것인가? 지금 당장 풀 수 있다. 사방에서 들려오는 소리를 들어라. 그 모든 소리를 들을 수 있는가? 큰 소리, 부드러운 소리, 사람 목소리가 들리는가? 당신의 감각 속으로 들어가라. 거기가 당신의 경험이 있는 곳이다. 거기에는 추상도 없고 관념도 없다. 그냥 이런저런 소리들이 있을 뿐이다. 당신이 지금 보고 있는 것을 보아라. 듣고 있는 것을 들어라. 만지고 있는 것을 만져라. 느끼고 있는 것을 느껴라.

한 구루에게 제자들이 물었다. "스승님, 깨달음으로 얻으신 게 무엇입니까? 깨달음이 무엇을 가져다주었나요?"

구루가 대답했다. "깨달음으로 무엇을 얻었느냐고? 나는 먹을 때 먹고, 볼 때 보고, 들을 때 듣는다네. 그것이 내가 깨달음으로 얻은 걸세."

그러자 제자들이 대꾸했다. "그야, 누구는 안 그런가요?"

스승이 웃으며 말했다. "모두 그런다고? 그렇다면 모두가 깨달은 사람들이군!"

천만에 말씀! 실은 거의 아무도 그러고 있지 않다. 지금 여기를 사는 사람이 참으로 드물다는 얘기다.

※

살아있음은 너 자신이 되는 것이다. 살아있음은 지금 있는 것이다. 살아있음은 여기 있는 것이다. 당신 자신을 보라. 머리로 말고 초연한 관찰자로 자신을 볼 수 있는 그만큼 당신은 기계적인 꼭두각시 삶을 버리고 그리스도 예수의 제자가 될 것이다. 꼭두각시는 예수의 제자일 수 없다! 당신이 10퍼센트 살아있으면 당신은 10퍼센트 예수의 제자다.

현실을 체험하라. 당신 감각으로 돌아오라. 그것이 당신을 지금으로 데려올 것이다. 하느님이 발견될 장소는 '지금' 그리고 '여기'다.

그것은 기도일까? 기도는 하느님과 말하는 것이다. 안 그런가? 그렇다. 기도는 하느님과 말을 나누는 것이다.

그런데 병들어 아픈 어머니가 있다고 하자. 그 딸이 청소를 하고 음식을 만들고 집안을 돌본다. 딸은 지금 어머니와

말을 하지는 않는다. 하지만 입으로 말하는 것보다 얼마나 더 많은 말을 어머니와 나누고 있는가?

당신 삶 속으로 들어가라. 예수 그리스도, 우리를 새로운 종교로뿐만 아니라 새로운 삶으로 부르시는 예수 그리스도, 그분을 섬기게 될 것이다.

6

자유 Freedom

　일본인 장군 한 명이 적군에 사로잡혀 옥에 갇혔다. 다음 날에 문초당할 것을 생각하니 잠이 오지 않았다. 독방을 서성거리며 죽음을 생각하고 또 생각했다. 그러다가 문득 이런 결론에 도달했다. "내가 문초당할 날은 내일이다. 그런데 내일은 있지 않는 날이다. 선사禪師들이 그렇게 가르치지 않던가?" 그러자 곧 마음이 가라앉았고 그는 잠이 들었다. 실재하는 유일한 것이 지금이라는 사실을 알자 잠이 온 것이다. 그는 옥에 갇힌 몸이지만 자유인이었다. 자유의 적은 밖에 있지 않다. 안에 있다. 우리를 묶는 사슬은 여기에 있다. 이제부터 그 사슬들에 대하여 이야기해 보자. 사슬들이 꽤 여러 개 있기 때문이다.

※

　우리를 묶어 자유롭지 못하게 하는 첫 번째 사슬은 지난날의 좋지 못한 경험들이다. 그것은 이해하기 아주 쉽다. 어떤 사람은 여덟 살 때 어머니를 여읜 아픈 경험이 정신적 장애를 일으켜 어른이 되어서도 사람을 가까이하지 못한다.

어렸을 때 성폭행을 당한 여자는 모든 남자들을 무서워한다. 부당하게 해고당한 적이 있는 남자는 한평생 쓰라린 상처를 안고 괴로워한다.

어떻게 이런 사슬을 끊고 다시 자유로워질 것인가? 여기에 도움이 될 아주 간단한 명상법이 있다. 그러나 이 방법으로 명상을 하려면 어느 정도 믿음과 끈기가 필요하다.

과거의 안 좋은 경험들이 계속 당신을 괴롭히는가? 그러면 평화롭고 고요한 상태에서 그 나쁜 경험으로 돌아가라. 잘 되지 않거든, 하느님이 곁에 계신다고 상상하고 이렇게 기도드려라. "하느님, 어려운 일입니다만, 제가 그렇게 할 수 있도록 허락해 주신다면 틀림없이 저에게 좋은 일이 있을 줄 믿고 당신을 의지합니다. 그 좋은 일이 무엇이고 어떻게 이루어질는지 저는 모릅니다. 그러나 분명 좋은 일이 있을 거예요." 나쁜 과거로 돌아가는 일을 부드럽게 해야 한다. 억지로, 난폭하게는 하지 마라. 아무래도 벅차게 느껴지면 곧 중단하고 다음 기회로 넘긴다.

하지만 일단 착수했으면 끝까지 하는 게 중요하다. 당신은 가슴이 분노로 가득 차는 것을 느낄 수 있다. 좋다. 화를

내어라. 그러면서도 기도는 계속하라. 주님은 당신의 정직한 태도에 흐뭇하실 것이다. 자유란 그렇게 빨리 얻어지는 게 아니다. 시간이 필요하다. 당신이 하느님께 말씀드린 대로 뭔가 반드시 좋은 일이 일어나리라는 느낌이 오면, 다음 단계로 넘어간다. 하느님께 감사드리는 것이다. 이윽고 지난날의 좋지 않은 경험에 대하여, 그것이 당신에게 가져다줄 좋은 일에 대하여 고마운 마음이 들면, 그러면 당신은 자유다. 당신을 묶은 사슬 하나가 끊어진 것이다.

❖

우리를 묶은 사슬 하나가 더 있다. 지난날의 좋았던 경험이다. 그것들이 너무 좋아서 생각만 해도 기운이 솟는다. 그런데 거기에 위험이 도사리고 있다. 소위 향수鄕愁라는 병에 걸려 오늘을 제대로 살지 못하는 것이다. 그렇게 당신은 실제로 오늘을 망칠 수 있다.

서쪽 하늘 붉게 물들이며 황홀하게 지는 해를 한 친구와 바라본 경험이 있다 치자. 그 일이 있은 뒤 어느 날 당신은 그 친구와 산책을 나선다. 그런데 지난날의 황홀한 경험에 매달려 그것을 지갑에 넣어가지고 다니며 친구와 산책하는 동안 자주 그것을 꺼내보고는 "저건 지난번에 우리가 본 그 황홀한 일몰이 아니야!"라고 말한다면 어찌 되겠는가? 당신은 지금 어제의 아름다운 경험으로 오늘을 망치고 있는 것이다. 그만큼 당신은 덜 자유롭고 덜 살아있다. 과거 경험이 당신을 사슬로 묶고 있는 것이다!

이 사슬에서 어떻게 풀려날 것인가? 한 가지 명상법이 있는데, 당신을 매우 아프게 할 수 있다. 생명을 낳는 일은 진통을 수반하게 마련이다. 그래도 해볼 마음이 있으면, 지난날에 당신이 사랑했는데 죽거나 이별을 해서 지금은 곁에 없는 사람들을 떠올리고 그들 각자에게 말하라. "당신을 만난 것이 내게는 큰 행운이었어요. 당신한테 정말 고맙습니다. 언제까지나 당신을 사랑하겠어요. 자, 이제, 잘 가시오. 난 내 길을 가야 합니다. 내가 나를 당신한테 묶어두면 오늘을 사랑할 수 없고, 지금 나와 함께 있는 사람들을 사랑할 수 없을 거예요. 그러니 이제 잘 가시오. 안녕!" 이런 말을 하는 것 자체가 아프다.

 당신을 더 아프게 할는지 모르지만 효과 또한 그만큼 큰 다른 명상법이 있다. 당신이 지난날 보물처럼 아끼고 간직했던 것들, 예컨대 당신의 젊음, 건강, 힘, 아름다움 등을 생각하고 그것들을 인격화하라. 어린아이 같은 짓이라고 생각 될는지 모르겠다. 그러나 아이처럼 되는 것을 망설일 이유가 없다. 아이처럼 되어야 하늘나라에 들어간다고 했다. 그들 각자에게 말하라. "너를 가질 수 있어서 참 좋았다. 내 생애에 너를 만난 것이 참으로 고맙다. 하지만 이제 헤어지자. 난 내 길을 계속 가야 해. 안녕!" 많은 노인들이 젊은 날의 건강, 힘, 아름다움을 떠나보내지 못해서, 그 때문에, 노년이 주는 부드러움과 깊이와 풍요를 제대로 맛보며 누리지 못한다.

 가장 좋은 것은 여전히 오고 있는 중이다. 너무나 많은 사람이 지난날의 좋은 경험들에 묶여서, 그 추억을 떨쳐버리지 못해서, 지금 눈앞에 있는 자기 인생의 최고 황금 시절을 잃어버리고 있다.

 이렇게 우리의 행복을 가로막는 두 가지 중요한 사슬이 있다. 상처 입은 새는 날지 못한다. 그러나 나뭇가지에 묶여 있는 새도 날지 못한다. 더 이상 과거에 묶여 있지 마라! 힌두교에 이런 속담이 있다. "물은 흘러서 깨끗하고 사람은 앞으로 나아가서 깨끗하다."

꽃

자, 이제 세 번째 사슬, 미래에 대한 걱정과 두려움을 얘기할 차례다. 내일 있을 문초를 걱정하던 일본인 장군 이야기 기억하는가? 예수는 같은 내용을 좀 더 시적으로 표현한다. "공중의 새, 들의 꽃을 보아라. 그것들은 아무 걱정도 하지 않는다. 그러니 그대들도 염려하지 마라." 말은 쉽지만 실제로 하기란 얼마나 어려운 일인가? 예수도 죽음 앞에서 번민하셨다. 그분도 좌절하고 근심하셨다. 그러니 근심걱정의 사슬을 끊으려면 우리도 예수처럼 해야 한다. 두려움을 마주 보고, 사람에게 하듯이 말을 거는 것이다. 말하되 폭력을 쓰지 않고 사랑스럽게 해야 한다. 두려움이 '조심caution'이라는 탈을 쓰고 우리 안에 있기 때문이다.

두려움에게 말하라. "네가 여기 왜 있는지 나는 안다. 하

지만 나는 하느님을 믿고 그분을 의지한다." 당신이 과연 이렇게 할 수 있거든, 그만큼 성장한 것이니 감사하라. 고마운 마음을 품는 것 자체가 큰 도움이 될 것이다. 일어나는 모든 일에 대하여 하느님께 감사하라.

미래에 연관되어 우리를 묶는 사슬이 또 있다. 야망ambition 이다. 사람이 야망을 품는 것은 그 자체만으로도 놀라운 일이다. 그러나 자기 야망의 노예가 된다면 그건 정말 끔찍한 일이다. 자기 야망의 지배를 받는 사람은 살아있다고 할 수 없다. 이를 따로 설명할 필요는 없을 것이다.

당신이 당신 야망의 희생자라면 이제 어떻게 할 것인가? 당신을 하느님 앞에 두고, 미래가 하느님 손 안에 있음을 믿는다고 고백하여라. "하느님, 모든 미래가 당신에게 달려 있음을 믿습니다. 제 꿈을 이루기 위하여 할 수 있는 일을 다 하겠습니다만, 그러나 결과는 당신께 맡깁니다." 그런 다음, 어떤 결과가 빚어지든지 하느님께 감사드리면 당신에게 자유와 평화가 찾아오리라.

❄

그 다음 사슬은 현재에 대한 집착이다. 인간의 가슴은 커다란 자석이다. 누구나 체험으로 알고 있을 터이니 따로 설명할 게 없겠다. 우리는 사람과 사물을 소유하고 싶고 그것들과 떨어지는 것을 원치 않는다. 그것들에 의존하고 따라서 그만큼 자유롭지 못하다. 자주 우리는 남들까지도 자유롭게 놔두지를 않는다. 이런 집착에서 우리를 자유롭게 해줄 명상법 하나를 소개한다.

당신이 깊게 집착하고 있는 사람, 그래서 헤어지거나 떨어지기 싫은 사람 하나를 생각하라. 그가 바로 앞에 있다 생각하고 그에게 말하라. 다정하게 말해야 한다. 먼저 그가 당신에게 얼마나 소중한 존재인지를 밝힌 다음 이렇게 말한다. 처음부터 말했듯이, 이 말을 하는 것 자체가 무척 괴로울 것이다. 너무 괴로우면 나중으로 미루고, 할 만하다고 느껴지면 말하라. "당신은 내게 참으로 귀한 존재요. 나는 당신을 많이 사랑합니다. 하지만 당신이 내 인생은 아니에요. 내게는, 당신 것과 다른, 내가 살아야 할 인생이 있고 내가 채

워야 할 운명이 있습니다." 정말 하기 어려운 말이다. 그러나 인생 자체가 늘 쉬운 것은 아니지 않은가?

놓기 싫은 사물, 장소, 직장, 소중한 것을 생각해 내고 그것들 각자에게 같은 말을 한다. "너는 내게 참으로 소중한 존재다. 하지만 네가 내 인생은 아니다. 나는 네 것과 다른, 내가 살아야 할 인생이 있고 내가 채워야 할 운명이 있다." 용감하게 이 말을 반복함으로써 당신은 바야흐로 완전한 자유를 바라볼 수 있게 되었다.

❋

당신에게 일러줄 또 다른 사슬이 있다. 지금까지 과거의 좋지 않은 경험들, 좋은 경험들, 미래에 대한 두려움과 야망, 그리고 현재에 대한 집착을 이야기했다. 이제, 가장 끊기 어려운 강력한 사슬에 대하여 말할 차례다.

먼저 한 가지 연습을 해보자. 잘 안 될 수 있고, 좀 더 시간이 필요할지도 모른다. 연습은 이런 질문으로 시작한다. "지금 내가 앉아 있는 이 자리에 백 년 전에는 무엇이 있었을까?" 상상력을 발휘하라. 이번에는 좀 더 크게 뛰어본다. "3백 년 전에는 이 자리에 무엇이 있었을까?" 그리고 천 년 전에는? 예수 그리스도가 오시기 전에는? 그때도 상대적으로 보면 최근이나 마찬가지다. 과학자들 말로는 지구에 생물이 살기 시작한 것이 백만 년도 넘었다지 않는가?

이번엔 질문의 방향을 바꾼다. "지금부터 3천 년 뒤에는 이 자리에 무엇이 있을까?" 사막이 되어 있을까? 숲이 되어 있을까? 아니면 다른 문명이 들어서 있을까? 한 가지 확실한 것은 거기 사람들이 있어도 지금 당신이 쓰고 있는 언어를 사용하지는 않는다는 사실이다. 그들은 지금 우리가 입는 옷과 다른 옷을 입고 다른 문화에 속해 있을 것이다. 지구상에 3천 년 이상 살아남은 언어가 없었다. 지금 있는 이 자리에서 3천 년 뒤의 지구를 바라본다 생각하고 상상의 날개를 펼쳐보라.

광대한 무엇과 해방감이 느껴질 것이다. 당신이 중요한 존재라는 착각에서 벗어나라. 하느님의 눈으로 보면 몰라도, 우리가 그렇게 중요한 물건은 못 된다. 예수가 언급하신 새들, 들에 핀 꽃들을 생각해 보라. 사막의 모래더미, 빗방울,

처마 끝의 물방울을 생각해 보라. 당신 자신을 생각해 보라. 얼마나 미미한 존재들인가?

당신이 이 수련을 제대로 할 수 있으면, 폭군들 가운데 폭군인 당신의 자아로부터 자유로워질 것이다. 바야흐로 당신은 해방, 안식, 자유가 무엇인지 알게 되었다. 세상에 본인의 죽음을 받아들인 사람보다 싱싱하게 살아있고 자유로운 사람이 없기 때문이다. 이 수련은 당신에게 확 트여 거칠 것 없는 광대무변을 느끼고 알게 해줄 것이다. 하지만 그러려면 시간이 필요하다.

이제 또 다른 명상법 하나를 소개한다. 나는 이것을 '신비의 수련'이라고 부른다. 수련이 자유에 연결되는 것이 곧장 드러나지 않기 때문이다.

몸의 감각에 주의를 집중한다. 한동안 그렇게 한 다음, 당신이 감각에 집중하고 있음을 알아차리면서 이렇게 말한다. "나는 이 감각이 아니다. 나는 이 몸이 아니다." 그런 다음, 떠오르는 생각들을 바라본다. 그렇게 생각들을 바라보면서 말한다. "이 생각들은 내가 아니다. 나는 내 생각들이 아니다." 이번에는 지나간 느낌들, 특히 최근의 느낌들 — 불안,

낙심, 좌절, 슬픔 등—을 기억한다. 떠오르는 대로 하나씩 집중하여 느끼면서 말한다. "나는 이 느낌이 아니다. 나는 내 느낌들이 아니다."

 불안한가? 불안한 느낌과 당신을 일치시키지 마라. "나는 불안한 느낌이 아니다." 절망스러운가? 당신을 절망과 일치시키지 마라. "나는 절망이 아니다."
 이것은 동양의 가장 오래된 명상법 가운데 하나다. 그 결과가 곧 드러나 보이지는 않지만 반드시 효과를 보게 되어 있다. 그리고 그것은 가장 뿌리 깊은 사슬인 자아의 착각과 독재를 끊어버린다.
 한동안 침묵 속에서 방금 소개한 명상법들 가운데 몇 가지를 실천해 보라. 묘한 매력이 느껴질 것이다.

 한 자유인 이야기를 들려주겠다. 작은 어촌에 미혼모가 된 소녀가 있었다. 부모가 매질을 하며 아비가 누구냐고 묻자

소녀가 말했다. "마을 밖 절간 스님이에요!" 부모와 마을 사람들이 흥분했다. 당장 절로 달려가 아이를 내려놓고 중에게 말했다. "위선자 중놈아! 네 아이니 네가 길러라." 중이 말했다. "그래요. 그럽시다." 중이 아이를 한 부인에게 맡기고 양육비와 수고비를 대기로 했다. 동시에 그의 명성이 땅에 떨어졌다. 모두 절을 떠났고 몇 달 동안 아무도 찾지 않았다.

아이 어미가 도저히 양심의 가책을 견딜 수 없어 부모에게 진실을 털어놓았다. 아이 아비가 절간의 중이 아니라 옆집 총각이었던 것이다. 부모와 마을 사람들이 절로 달려가 중 앞에 무릎 꿇고 용서를 빌었다. "스님, 참으로 죄송하게 되었습니다. 제발 용서하시고 아이를 돌려주십시오." 중이 아이를 돌려주며 말했다. "그래요. 그럽시다."

이게 자유인이다! 영문 모를 고난이 와도 넉넉히 받아주는 사람! 그 어떤 것과도 자기를 일치시키지 않는 사람!

나 자신과 당신을 위해서 내가 바라는 것도 다른 게 아니다. 우리의 미미한 노력의 결과로 하느님이 우리에게 그 선물을 주시기를!

7

사랑 Love

그동안 침묵, 평화, 행복, 삶 그리고 자유를 말했다. 이제, 사랑을 말해 보겠다. 사랑은 가장 다루기 어려운 주제다. 그 폭과 신비가 너무나 광대하여 마치 하느님 같기 때문이다. 우리는 어쩌다가 사랑의 자취를 흘깃 보긴 하지만, 그 정체가 무엇인지는 항상 모호하다. 그런대로 우선 사랑의 두 얼굴에 대하여 말해 보겠다. 창조creation로서의 사랑과 동화同化, identification로서의 사랑이 그것이다.

❄

창조로서의 사랑에 대한 설명을, 내가 좋아하는 아메리카 원주민 이야기로 시작한다.

먼 옛날, 원주민 전사가 산꼭대기에서 독수리 알을 발견했다. 그는 그것을 가져다가 마침 알을 품고 있는 암탉 둥지에 넣었다. 때가 되어 병아리들이 깨어나는데 새끼 독수리도 함께 깨어났다. 새끼 독수리가 병아리들 틈에서 자라났다. 다른 병아리들처럼 땅바닥을 헤쳐 지렁이를 잡아먹고 덤불의 낮은 가지들에 날아오르기도 했다. 그러면서 자기는 병아리라고, 닭이라고 생각했다.

어느 날 이제 늙어버린 독수리가 하늘을 쳐다보다가 거기 위엄에 찬 새가 떠 있는 것을 보았다. 파란 하늘 복판에 날개를 퍼덕이지도 않고 새 한 마리가 장엄하게 떠 있었다. 늙은 독수리가 놀란 눈으로 곁에 있던 암탉에게 물었다. "저건 무슨 샌가요?" 암탉이 하늘을 보며 말했다. "음, 저건 황금 독수리란다. 하늘의 여왕이지. 하지만 그렇게 올려다볼 것 없어. 너나 나나 여기 땅에서 살아야 하는 신세거든." 늙은 독수리는 두 번 다시 하늘을 올려다보지 않았다. 그리고 자기가 닭이라는 생각을 지닌 채 죽어갔다.

거의 모든 사람이 그렇다. 그렇게 그들은 성장하고 살고 죽어간다.

❄

창조로서의 사랑love as creation은 우리 안에 있는 독수리를 보는 것이다. 날개를 활짝 펴고 창공을 날기 위해서 참 자기가 누구인지를 아는 것이다. 그렇게 우리는 우리 안에 있는

독수리를 창조한다!

미국 심리학자들이 연구팀을 만들어, 학기가 끝나기 직전에 전교생을 대상으로 IQ 테스트를 하였다. 그런 다음 그 가운데 학생 열 명을 뽑고 교사들에게 말했다. "이번 IQ 테스트 결과, 이 학생들에게서 천재의 소질이 발견되었어요. 어쩌면 당신들은 다음 학기에 이 학생들이 수석 자리에 오르는 것을 보게 될지도 모릅니다. 단 이 사실을 본인을 포함하여 아무도 모르는 비밀로 해주시오. 그들에게 해로울 수 있으니까요." 교사들이 그러기로 약속하였다. 그런데 사실은 그들 가운데 누구도 천재의 소질이 있었던 건 아니고 단순히 실험을 위하여 무작위로 학생 열 명의 이름을 적은 것이었다.

1년 뒤, 심리학자들이 다시 전교생을 상대로 IQ 테스트를 실시했다. 결과를 보니 놀랍게도 '천재의 소질'이 있다고 한 학생들 모두의 IQ가 10포인트 이상 올라갔다. 어떤 학생은 36포인트나 올랐다. 심리학자들이 교사들에게 물었다. "그 학생들에 대하여 어떻게 생각하십니까?" 그들이 이구동성으로 대답하는 말에는 이런 수사들이 섞여 있었다. "영리한"

"활동적인" "생동하는" "관심 있는" 등등.

교사들이 열 명의 학생에 대하여 그들에게 천재의 소질이 있다고 생각하지 않았더라면 어찌되었겠는가? 학생들의 가능성을 높여준 것은 본인이 아니라 교사들이었다.

심리학자들은 동물을 상대로도 실험해 보았는데 결과는 같았다. 그들은 실험실의 학생들에게 보통 생쥐를 주면서 이렇게 말했다. "이제 여러분은 좀 더 실험에 잘 적응하도록 특별히 양육된 생쥐를 쓰게 되었다." 결과는 그 생쥐들이 다른 생쥐보다 실험에 잘 적응하는 것으로 판명되었다. 그들은 학생들로 하여금 생쥐에 대하여 다른 내용을 기대하게 하였고, 그리고 생쥐는 그 기대에 부응하였던 것이다.

이 실험 얘기를 처음 들었을 때 나는 '보이스 타운'을 설립한 미국의 플라나간 신부가 생각났다. 그 전설적 인물의 이름이 인도에까지 알려져 있었다. 처음에 그는 자기 집에서, 버림받은 아이들을 돕기 시작했는데 뒤에 비행非行 청소년들을 돕게 되었다. 플라나간 신부는 경찰이 포기한 아이들을 집으로 데려왔다. 그리고 그는 집으로 데려온 어떤 아이에게도 실패하지 않았다.

여덟 살 된 소년이 자기 부모를 살해했다. 그 어린 나이에 도대체 무슨 일이 있었기에 그토록 끔찍한 일을 저질렀는지 상상이 되는가? 그 뒤에도 수차례 은행 강도로 현장에서 체포되었다. 경찰로서는 속수무책이었다. 나이가 아직 열두 살이 되지 않았으므로 붙잡아서 교도소로 보내거나 갱신 학교에 보낼 수 없었던 것이다. 경찰은 플라나간 신부에게 도움을 청했다. "이 아이를 받아주시겠습니까?" 신부가 답했다. "물론이지요. 당장 보내시오."

여러 해 뒤에 그 소년이 자기 이야기를 글로 썼다. "경찰과 함께 기차를 타고 보이스 타운으로 가던 날을 기억한다. 그때 나는 이렇게 생각하였다. '나를 신부한테로 보내는 모양인데, 그 신부가 너를 사랑한다고 말하면 죽일 테다.'" 실제로 그는 경험 있는 살인자였다!

그가 보이스 타운에 도착했고, 이야기는 이어진다. 문을 두드리자 플라나간 신부 음성이 들렸다. "들어와요." 소년이 방으로 들어가자 신부가 물었다. "이름이 뭐지?" 소년이 답했다. "데이브입니다." 플라나간 신부가 말했다. "데이브, 보이스 타운에 잘 왔다. 널 기다리고 있었어. 왔으니 우선 여기

저기 다니면서 환경을 익히도록 해라. 여기 있는 사람들 모두가 일을 한다는 건 알고 있겠지? 누군가 너에게 이곳을 보여줄 게다. 너도 하고 싶은 일을 고를 수 있어. 하지만 지금은 그냥 둘러보기만 해라. 자, 이제 가도 좋아. 나중에 보자."

소년은 그 짧은 순간이 자기 인생을 바꿔놓았다고 말한다. "난생 처음 나는, '널 사랑한다'는 말 대신에 '넌 착한 아이다. 나쁜 아이가 아니라 착한 아이야!'라고 소리 없이 말하는 사람의 눈을 들여다보았다."

소년은 착한 아이가 되었다. 심리학자들이 말하듯이, 사람은 자기가 생각하는 대로 되는 성향이 있다. 당신은 이보다 더 영적이고 신성한 무엇을 생각할 수 있겠는가? 우리가 어떤 사람한테서 선善을 볼 수 있다면, 그리고 그에게 그것을 말해 줄 수 있다면, 그 사람은 선하게 바뀐다. 사람이 재창조되는 것이다. "사랑하는 사람이 사랑을 만든다." 그렇다. 그를 아름답게 보라. 그렇게 하여 그에게서 아름다움을 끌어내라.

사람들은 자주 플라나간 신부에게 성공의 비결을 묻는다. 신부는 아무 대답도 하지 않는다. 왜냐하면 그를 이끈 신조

가 바로 이것이었기 때문이다. "세상에 나쁜 아이는 없다!" 플라나간은 아이한테서 오직 선善을 보았고, 그것이 그들로부터 선이 솟구치게 하였다. 그렇게 그는 '착한 아이'를 창조하였다.

당신도 플라나간 신부처럼 생각하고 싶은가? 그럴 수 있기를 바라는가? 우리 모두 그 신부처럼 될 수 있다고 나는 확신한다. 왜냐하면 우리 모두 사랑하고 사랑받기를 원하니까.

❖

플라나간 신부처럼 생각할 수 있으려면, 그냥은 안 된다. 사랑을 가르치는 학교에 들어가야 한다. 그 학교에서, 쉽지는 않지만 아주 어렵지도 않은 공부를 해야 한다.

이렇게 해보시라. 당신이 굉장히 사랑하는 한 사람을 떠올린다. 그가 당신 앞에 있다고 상상하면서 다정스레 말한다. 그가 당신에게 얼마나 소중한 존재인지, 그를 만나서 당신이 어떻게 바뀌었는지를 말하는 것이다. 그러면서 당신 안에 무슨 느낌이 일어나는지를 알아차려라. 몸과 마음이 따뜻해졌으면, 두 번째 연습으로 들어간다.

당신이 좋아하지 않는 어떤 사람을 생각해 보라. 그 사람이 지금 당신 앞에 서 있다. 그를 바라보는데, 무엇이든지 좋으니 그의 장점을 찾아보라. 잘 찾아지지 않거든 예수가 당신 곁에서 그를 바라보신다고 생각하여라. 그분은 보는 기술과 사랑하는 기술을 우리에게 가르치는 선생이시다. 무엇이 보이는가? 그 사람한테서 어떤 좋은 점을 찾아볼 수 있겠는가? 예수께서 이 땅에 다시 오시면 사람들한테서 무엇을 가장 먼저 보시리라고 당신은 생각하는가? 순수한 사랑의 광대한 선善과 아름다움과 진실일 것이다. 인간 안에는 진선미의 드넓은 바다가 있다. 그분은 곧장 그것을 알아차리실 것이다. 선한 사람은 모든 것에서 선을 보기 때문이다. 악한 사람이 모든 것에서 악을 보는 까닭은 다른 사람들한테서 자기를 보고 다른 사람들을 자기의 그림자로 보기 때문이다. 예수가 지금 당신을 보고 있다. 그분이 당신의 무엇을 보시겠는가?

이제, 아마도 가장 어려울지 모르는 세 번째 연습으로 들어가자. 정말로 사랑하고 싶으면 이 연습을 통과해야 한다.

예수가 당신 앞에 서 계신다. 그분이 당신한테서 보신 선과 아름다움과 진실에 대하여 말씀하신다. 만일 당신이 보통사람이라면, 당신이 얼마나 모자라고 흠이 많은 죄인인지를 그분께 말씀드릴 것이다. 예수는 당신이 늘어놓는 자기에 대한 비난을 모두 받아들이신다. 그분은 악을 보고 그 이름을 부르며 책망하셨다. 그러나 죄를 책망하면서도 죄인은 결코 책망하지 않으셨다.

그분이 복음서에서 창녀를 어떻게 대하셨던가? 세리와 도둑과 바리사이파 사람 그리고 당신을 십자가에 못 박는 사람들까지, 그들 모두를 어떻게 보셨던가? 바로 그분이 지금 당신 앞에 서 계신다! 그리고 당신이 당신의 온갖 허물을 들추어내는데 그분은 그 모든 말을 수긍하시고 당신의 모든 허물을 인정하신다. 하지만 그분은 당신을 이해하고 포옹하신다. 그 모든 허물이 그분 눈에 보이는 당신의 선과 아름다움과 진실을 조금도 망가뜨리지 못한 것이다. 당신은 이 사실이 잘 이해되지 않을 것이다. 당신 자신을 보라. 당신이 사랑하는 사람을 보라. 누구든지 자세히 보면 단점이 있게 마련이다. 하지만 그 단점이 그에 대한 당신의 사랑을 가로막거나 그에게서 선하고 아름답고 진실한 것을 더 보지 못하게 만들지는 못할 것이다. 바로 그 일을 예수가 당신에게 하신다고 생각해 보라. 그리고 그 시선이 당신에게 무슨 영향을 미치는지 바라보라. 당신을 사랑하는 이들과 예수의 사랑을 받아들여라.

예수께서는 시몬 베드로를 처음 만나셨을 때, 그에게서 아무도 보지 못한 무엇을 보시고, 그에게 반석이라는 이름을 주셨다. 그리고 그 사건이 베드로를 바꿔놓았다. 그 예수가 지금 당신 앞에 서 계신다. 그분이 당신에게 어떤 이름을 주시겠는가?

사랑의 다른 얼굴을 이야기하기 전에 동화 한 편을 들려주겠다. 동화에 심오한 지혜가 들어 있음은 당신도 알 것이다. 두꺼비와 공주 이야기다.

하루는 아름다운 공주가 숲으로 산책을 나갔다가 두꺼비를 본다. 두꺼비가 공주에게 정중히 인사를 건넨다. 사람 말

을 하는 두꺼비를 보고 깜짝 놀라는 공주에게 두꺼비가 말한다. "공주님, 나는 두꺼비가 아니오. 본디 왕자인데 마녀의 주문에 걸려서 이렇게 두꺼비가 된 것이오." 마음씨 고운 공주가 묻는다. "그 주문이 풀어지게 내가 할 수 있는 일이 있을까요?" 두꺼비가 말한다. "나를 사랑하는 공주와 사흘 밤낮을 함께 지내면 주문이 풀어지고 나는 다시 왕자가 된다고 마녀가 말했지요."

공주 눈에는 이미 두꺼비 안에 있는 왕자가 보인다. 그래서 두꺼비를 궁으로 데려오자 모두들 말한다. "그 흉물을 어쩌자고 데려오셨어요?" 공주가 말한다. "흉물이 아니야. 이분은 왕자라고!" 그날부터 낮에는 식탁 위에 밤에는 베개 곁에 두꺼비를 앉혀둔다. 이윽고 사흘째 되는 날 아침, 잠에서 깨어난 공주는 자기 앞에 젊고 잘생긴 왕자가 서 있는 것을 본다. 왕자가 공주에게 입을 맞춘다. 그녀가 마녀의 주문을 풀고 자기를 왕자로 돌아오게 하였기 때문이다.

이 동화는 우리 모두의 이야기다. 어쩌다가 우리는 두꺼비가 되었고, 주문을 풀어 우리의 본디 모습을 되찾게 해줄 누군가를 한평생 기다리고 있는 것이다! 당신의 예수가 그분이신가? 당신의 하느님이 그분이신가?

하느님은 알 수 없는 분이다. 그러나 우리가 그리는 하느님은 과연 어떤 분이신가? 당신의 하느님은 "천사들아, 나팔을 불어라. 여기 임금이 오신다. 임금이 오신다"라고 소리치며, 당신이 저지른 잘못들을 낱낱이 따져 벌을 내리시는 그런 분인가? 신중히 생각할 일이다. 왜냐하면 사람은 자기가 숭배하는 하느님의 모습으로 자기를 바꾸게 마련이기 때문이다.

자, 이제 동화同化로서의 사랑을 얘기해 보자. 인도에서는 신비주의 사상가들과 시인들이 가끔 누가 성스런 사람인지를 스스로 물어본다. 그러고는 아름다운 대답들을 만들어낸다.

"성스런 사람은 장미 같은 사람이다." 당신은 장미가 "나는 내 향기를 착한 사람에게만 주고 나쁜 사람에게는 주지 않겠다"고 말하는 것을 들어보았는가? 장미는 그럴 수 없다. 향기를 뿜는 것이 장미의 어쩔 수 없는 본성이기 때문이다.

"성스런 사람은 어두운 방에 켜놓은 등불 같은 사람이다."
등불이 착한 사람에게는 빛을 비추고 나쁜 사람에게는 빛을 비추지 않겠다고 할 수 있는가?

"성스런 사람은 선한 사람과 악한 사람에게 그늘을 드리워주는 나무 같은 사람이다." 나무는 저를 도끼로 찍어 넘기는 사람한테도 그늘을 드리운다. 향나무일 경우에는 도끼에 찍히면서도 향기를 뿜어준다.

하늘에 계신 아버지께서 선인과 악인에게 비를 내리시듯이 그렇게 자비로운 사람이 되라는 예수의 말씀이 바로 이 말씀 아닌가? 누가 해로 하여금 의인과 죄인에게 고루 빛을 비추도록 하는가? 우리가 언제 어떻게 그런 사랑을 할 수 있을까?

깨달음을 통해서, 신비스런 경험을 통해서 우리도 그런 사랑에 미칠 수 있다. 당신은 헤아릴 수 없이 많은 우리가 한 분 그리스도를 이루고 있음을 몸으로 느껴본 적이 있는가? 바울로는 말한다. 우리 모두 한 몸이요 서로에게 지체들이라고. 내 몸과 나! 이 둘은 동떨어진 둘이 아니다. 그러나 하나도 아니다! 나는 내 몸이 아니다. 그러나 나와 내 몸은 둘이 아니다. 내 몸의 일부가 아프면 내가 아픈 것이다. 내 몸의 일부가 건강하면 내가 건강한 것이다. 운 좋은 사람들에게 이 '깨달음'이 주어진다. 그들은 서로 다른 사람들이다. 그러나 서로 떨어져 있지 않다. 한 몸인 것이다.

일곱 미치광이가 마을 잔치에 가서 술을 진탕 마시고 잔뜩 취하여 밤늦게 돌아왔다. 마침 비가 내리는지라 커다란 나무 아래 몸을 눕혔다. 이튿날 아침, 잠에서 깨어나자 난리가 났다. 지나가던 사람이 걸음을 멈추고 아우성치는 그들에게 물었다. "무슨 일로 이렇게 야단들이오?"

"우리가 나무 아래 뭉쳐서 잤더니 밤새 손발이 서로 엉켜서 누구 손인지 누구 발인지 알 수 없게 되었소."

행인이 말했다. "그거야 금방 알 수 있지."

그러고는 가시로 아무 발이나 푹 찔렀다. 한 사람이 "앗!" 소리치자 그에게 말했다. "이건 당신 발이군." 그렇게 그는 손과 발을 차례로 찔러 임자를 찾아주었다.

어떤 사람이 다쳤을 때 내가 "아앗!" 하면 그 순간에 한 가지 사건이 일어난 것이다. 동화同化로서의 사랑이 그것이다. 그런 일이 일어나도록 우리가 할 수 있는 일이 무엇일까? 없

다. 그것은 우리에게 주어지는 선물이다. 우리가 할 수 있는 일은, 그것이 일어나도록 자신을 준비시키는 게 전부다. 믿어지지 않겠지만, 당신이 자리에 앉아 들여다보면, 앉아서 자신과 긴밀히 접촉해 보면 침묵하게 될 것이고, 모든 것이 절로 당신 앞에 드러날 것이다. 당신이 할 일은 토양을 준비하는 것이다. 여기 소개하는 방법들로 수련하면 당신도 그런 경지에 들 수 있도록 자신을 준비시키게 될 것이다. 언제고 그런 날이 오기를 바란다.

누구든지 열심히 수련하면 좋은 결과를 얻게 되어 있다. 그러나 동화同化로서의 사랑만큼은 오직 하느님이 선물로 주시는 것이다.

하느님은 알 수 없는 분이시다. 하느님은 신비시다. 하느님은 사랑이시다. 사랑할 때마다 당신은 하느님의 신성한 은총을 나눠 가진다.

사람들 마음이 이토록 오염되고 강퍅한 시절에, 당신은 이보다 더 하느님께로 잘 가는 길이 있다고 보는가?

기도 Prayer

당신에게 해주고 싶은 얘기가 많다. 그런데 사람들이 항상 나에게 묻는 것이 하나 있다. 그들은 내가 가톨릭 신부인 줄 알고 이렇게 묻는다. "신부님, 기도를 좀 더 잘할 수 있게 도와줄 수 있겠습니까?"

나는 스스로 물어본다. 어떻게 하면 기도를 좀 더 잘할 수 있을까? 그러려면 우리가 전해 받아서 그대로 하고 있는 기도에 대한 반성부터 해야 한다고 나는 본다.

여기 근사한 예화가 있다.

한 젊은이가 현인에게 말했다 "선생님, 저는 만사에 하느님을 믿고 의지하는 사람인지라, 낙타를 말뚝에 묶는 일조차 스스로 하지 않고 하느님께서 하시도록 그분 섭리에 맡겨드린답니다." 그러자 현인이 소리쳤다. "당장 나가서 낙타를 말뚝에 매어라, 이 멍청한 놈아! 네가 스스로 할 수 있는 일로 하느님을 성가시게 하다니?"

지당한 말씀이다. 안 그런가? 기도에 대하여 이런 마음자세를 가지는 것이 중요하다. 우리가 스스로 할 수 있는 일로 하느님을 성가시게 해드려서는 안 되는 것이다.

한평생 하느님을 충실하게 섬긴 어느 랍비 이야기다. 하루는 그가 하느님께 말씀드렸다. "하느님, 저는 언제나 율법을 지켰고 당신을 정성껏 예배하였습니다. 어느 모로 보나 괜찮은 유대인이지요. 하지만 이젠 늙어서 도움이 필요하네요. 복권에 당첨돼서 말년을 평안히 보낼 수 있게 해주십시오!" 그리고 그는 기도하고 또 기도하고 다시 기도했다. 한 달이 지나고 두 달, 석 달, 다섯 달, 1년, 3년이 지났다. 결국 지쳐버린 그가 하느님께 소리 질렀다. "하느님, 당신이나 가지시오!"

그러자 하느님이 그에게 말했다. "당신이나 가지라고? 네가 사지도 않은 복권으로 뭘 어떻게 하란 말이야?!"

무엇이 기도가 아닌지는 이쯤 말하고, 그러면 무엇이 기도인가? 다른 이야기 하나.

어떤 사람이 불을 발명했다. 그가 눈 덮인 북녘 추운 나라로 가서 그곳 사람들에게 불 만드는 법을 가르치기 시작했다. 그는 추위를 녹이고 음식을 익히고 어둠을 밝히는 데 불이 얼마나 쓸모 있는지를 보여주었다. 모두 열심히 배웠다.

그들이 불을 만들 수 있게 되자 발명가는 그들에게 고맙다는 인사를 할 짬도 주지 않고 어디론가 자취를 감추어버렸다. 참으로 위대한 현자였기 때문이다.

위대한 사람은 고맙다는 인사를 받거나 오래 기억되기를 바라지 않는다. 그래서 다른 종족을 찾아갔던 것이다. 거기서 또 사람들에게 불 만드는 법을 가르치기 시작했다. 그들은 열심히 배웠고, 그러는 사이에 그가 차츰 유명해졌다. 그러자 대중의 인기를 잃을까봐 겁이 난 사제들이 그를 없애기로 결의하고 독살시켜 버렸다. 그러고는 사람들이 의심하는 것을 막아보려고 발명가의 초상을 그려서 신전에 높이 걸어놓고는 위대한 불 발명가를 경배하자고 사람들에게 말했다. 동시에, 불 만드는 기구들을 제단 위에 올려놓고 사람들로 하여금 그 앞에 절하도록 하였다. 의식은 발전되었고 불 발명가와 불 만드는 기구들을 경배하는 절차도 갈수록 복잡해졌다. 예배 순서와 기도문이 세대에서 세대로, 세기에서 세기로 이어져 내려왔다. 그런데 불은 없다! 기도는 어디에 있는가? 불에 있다! 불은 어디에 있는가? 기도에 있다! 그것들이 모두 거기 있다! 당신이 불을 만들기 위해서 하는 일, 그게 기도다. 입으로 기도를 한 주일, 두 달, 석삼년 계속해도 거기에 불은 없다. 기도도 없다! 좋은 일, 착한 일은 많은데, 기도가 없다.

"어째서 나를 '주님, 주님' 하고 부르면서 내가 하라는 대로 하지 않느냐? 너희가 와서 '주님, 우리가 당신 이름으로 기적을 일으켰습니다'라고 말하겠지만 '나는 너희를 모른다. 너희들 하는 말이 무슨 말인지 알고 싶지도 않다'고 나는 말할 것이다." 그분은 "주님, 주님"이라는 우리의 말보다 우리 자신한테 관심을 두신다. 그분이 바라시는 것은 우리가 당신 말대로 하는 것이다. 그러나 우리는 여기에서 조심해야 한다. 당신의 선한 행실이 곧 필요한 기도라고 생각하면 안 된다. "내가 내 몸을 불사르게 내어주고 가난한 이들에게 소유를 나눠준다 하여도, 사랑이 없으면 모두가 헛일이다." 진짜 선한 행실도 있지만 오염된 행실도 얼마든지 있다. 위대한 독일 신비주의 사상가 마이스터 에크하르트는 말한다. "그대의 행실에 덜 관심하고 그대의 존재에 더 관심하라. 그대가 선하면 그대가 하는 모든 일이 선하기 때문이다." 변화되어야 하는 것은 행위가 아니라 존재다. 거기가 불이 있는

곳이다!

　당신은 어떻게 당신을 변화시킬 참인가? 당신이 당신을 바꾸기 위하여 할 수 있는 일이 무엇인가? 없다! 변화되기 위해서 당신이 해야 하는 일은 그냥 '보는 것'이다. 당신을 바꿔놓는 무엇이 있다. 그걸 보아라. 스스로 노력해서 또는 무슨 일을 해서 변화되는 사람은 없다. 사물들을 고정시키는 법을 당신은 안다. 대단한 은사다. 그러나 당신이 인격을 고정시키려 하면 골치 아픈 문제들에 부닥칠 것이다. 당신은 어떤 것도 고정시킬 필요가 없다. 다만 사물을 다르게 보아야 한다. 변화는 봄seeing을 통해서 온다. 하느님의 통치를 위한 메타노이아, 회개가 다가왔다! 회개는 죄를 뉘우치며 슬퍼하는 게 아니다. 모든 것을 새로운 방식으로 보는, 그것이 회개다. 머리idea의 변화, 가슴heart의 변화다. 아내에게 "내 가슴을 바꿨다"고 말하는 남자와 같다. 그러면 아내가 말할 것이다. "하느님 고맙습니다. 새 인간한테서 좀 더 괜찮은 짓을 기대해도 되겠지요?" 그렇게 당신은 바뀐 것이다! 말 그대로, 달라진 마음, 사물을 다르게 보는 방식이다. 모든 것을 보는 새로운 방식, 그게 우리가 지금 말하고 있는 '변화'다.

그 일이 일어날 때 당신은 바뀔 것이다. 당신이 하는 일도 바뀌고 당신의 삶도 바뀔 것이다. 그게 불이다! 사물을 새롭게 보기 위하여 당신에게 필요한 것이 무엇인가? 힘도 필요 없고, 쓸모 있을 필요도 없다. 자기에 대한 확신도 필요 없고 의지력도 필요 없다. 노력도 필요하지 않다. 사물을 습관처럼 보지 않겠다는 선한 의지, 무엇이든지 새롭게 보겠다는 선한 의지만 있으면 된다. 실은 그것이 인간에게 마지막으로 부족한 것이다. 사람들은 무엇이든지 자기가 늘 보던 방식과 다르게 보려고 하지 않는다. 예수가 복음을 전하실 때 그토록 힘들었던 이유가 바로 여기에 있었다. 사람들은 그의 복된 소식을 좋아하지 않는다. 사람들은 무엇을 새롭게 아느니 차라리 고통당하고 비참해지기를 원한다. 자기도 모르게 스스로 고통을 부른다. 복음의 기쁜 소식을 사람들은 좋아하지 않는다. 복음의 새로운 소식을 그들은 좋아하지 않는다.

당신은 사물을 다르게 볼 준비가 되어 있는가? 마음을 모아라. 내 말을 신부가 하는 말이라는 이유로 받아들이지 마시라. 그래서는 아무 도움도 받지 못한다. 내게서 그 무엇도

그냥 삼키지 마시라. 나는 붓다의 이 말이 참 좋다. "비구들이여, 나에 대한 존경심 때문에 내 말을 받아들이지는 마라." 내 말에 대하여 당신들이 해야 할 일은 금 세공장이 금을 두고 하는 일과 비슷하다. 당신들은 내 말을 갈고 닦고 자르고 섞어서 보라. 그게 제대로 보는 방식이다. 언제나 자신을 열어놓고 무엇이든지 받아들이되, 질문하고 알아보고 시험해 보고 스스로 판단할 준비가 되어 있어야 한다. 그렇게 하지 않으면 정신적 게으름에 빠지거나 마음이 단단하게 굳어질 것이다. 그건 내가 당신들에게 바라는 것이 아니다.

당신은 괴로운가? 문제가 있는가? 당신의 인생 자체가 꼴도 보기 싫은가?

방금 지나간 세 시간을 즐겁게 보냈는가? 아니라면, 오히려 괴롭고 혼란스러웠다는 게 당신 답이라면, 당신은 정말 문제가 있는 사람이다. 뭔가 잘못되었다. 심각하게 잘못되었다. 당신은 잠들어 있다. 죽어 있는 것이다!

장담하거니와 당신은 이렇게 말하는 사람을 처음 보았을 것이다. 보통 사람들은 인생에 본디 문제가 있고 살면서 괴로워하는 건 자연스런 일이라고 생각한다. 여기서 내가 말하는 '괴로움suffering'이 무엇인지 설명을 좀 해야겠다. 당신은 아프면서in pain 괴로울suffer 수 있고 아프면서 괴롭지 않을 수 있다.

스승에게 제자가 물었다. "깨달음이 스승님께 무엇을 가져다주었습니까?" 그가 답했다. "깨닫기 전에 나는 우울했다. 깨달은 뒤에도 나는 여전히 우울하다!" 그러나 이 두 우울 사이에는 큰 차이가 있다. 괴로워하는 것은 우울함으로 인하여 스스로 어지러워지게 내버려두는 것을 뜻한다. 이런 괴로움은 지금 당장 청산되어야 한다. 괴로워하는 것은 아픔, 우울한 기분, 근심걱정 등으로 인하여 스스로 어지러워지는 것이다.

기도를 배워가는 도중에도 우울한 기분은 계속되고 근심걱정 또한 멈추지 않는다. 그것들은 맑은 하늘에 뜬 구름과 같고, 당신은 자신을 그 구름에 일치시킨다. 그러나 실은 구름이 조금도 건드릴 수 없는 맑은 하늘이 바로 당신이다. 그

래도 그것들은 계속 오고간다. "깨닫기 전에 나는 우울했다. 깨달은 뒤에도 나는 여전히 우울하다."

당신은 어디에서 괴로움이 온다고 생각하는가? 인생에서 온다고 생각하는 이들이 많다. 본디 인생은 힘든 것, 인생은 어려운 것이라고! 하지만 중국에 이런 격언이 있다. "천지간에 자연만큼 몰인정한 것이 없다. 아무도 그것을 피해 도망갈 수 없다. 그러나 인생을 파멸하는 것은 자연이 아니다. 느낌의 근원인 인간의 마음이다." 어려운 것은 인생이 아니다. 우리가 인생을 어렵게 만드는 것이다.

뉴욕에서 어떤 사람이 말하는 것을 들었다. 아프리카의 한 부족은 죄 지은 범인을 마을에서 추방한다고 한다. 범인을 비난하고 저주하면서 마을에서 추방하면 대부분 일 주일 안에 죽는다는 것이다. 어떤 사람은 이렇게 말하고 싶을 것이다. "마을 사람들이 그를 죽였다. 추방 명령이 그들에게는 곧 사형 언도니까." 그러나 아니다. 당신이나 내가 마을에서 추방당하면 얼마쯤 괴로워하긴 하겠지만 그 일로 죽지는 않는다. 그러니 추방 명령이 그를 죽인 것은 아니다. 추방당함을 경험하는 그들의 방식이 그를 죽인 것이다.

당신은 시험을 너무 중하게 여겨서 시험에 실패했다는 이유로 죽는 학생들 이야기를 들어보았는가? 당신이나 나 시험을 못 봤다고 해서 스스로 목숨을 끊지는 않을 것이다. 과연 누가 무엇이 그 학생을 죽였다고 당신은 생각하는가? 실패한 시험? 아니다. 자신의 실패에 반응하는 그의 방식이 그를 죽인 것이다.

소풍 가기로 한 날 비가 내린다. 무엇이 당신을 기분 나쁘게 하는가? 비? 아니면 날씨에 대한 당신의 반응? 수십 년 기도를 하면서 이 사실을 깨치지 못한 사람들에게는 새삼스러울 것도 없는 이 진실이 충격으로 다가올 것이다. 그것이 기도가 초래할 수 있는 위험들 가운데 하나다. 기도가 당신을 가로막아 불을 피우지 못하게 하는 것이다.

이제 당신을 괴롭히는 어떤 것, 아니면 최근에 당신을 괴롭힌 무엇을 생각해 보자. 그 괴로움이 당신 바깥에서, 어떤 사건이나 사물에서, 누가 죽었다는 사실, 당신이 저지른 실수, 우연한 사고, 실직 또는 바닥난 저금통장에서 오는 것이 아님을 이해하려고 노력해 보라. 당신을 괴롭히는 그 무엇도 밖에서 오지 않는다. 당신에게 일어난 어떤 일, 당신이 만

나는 사람에 대한 당신의 반응하는 방식이 당신을 괴롭히는 것이다. 당신과 같은 처지에 있으면서 조금도 괴로워하지 않는 사람이 있을 수 있다. 주인공이 당신이라서 지금 괴로운 것이다.

센트 루이스의 한 사제에게서, 에이즈에 걸린 그의 친구 이야기를 들었다. 사제는 그 친구에게 이상한 일이 일어났다고 했다. 그가 말하기를 "내가 에이즈에 걸렸고, 그래서 얼마 못 가 죽는다고 의사가 말했을 때, 비로소 나는 살기 시작했습니다"라고 했다는 것이다. 이 말이 믿어지는가? 사제가 내게 말했다. "나는 같은 처지에 있는 사람들을 서른 명쯤 알고 있어요. 그들 가운데 열댓 명이 내게 비슷한 말을 했지요."

어째서 같은 처지에 있는 사람들이 이렇게 다른 반응을 보이는 걸까? 그것은 그들 머리에 무엇이 입력되어 있는가에 연관된 문제다. 어떤 사람이 당신과 한 약속을 지키지 못했다. 당신의 청을 거절했다. 당신을 등지고 떠났다. 그래서 당신은 괴롭다. 그런데 과연 그가 당신을 괴롭히는 것인가? 아니다! 한평생 사는 동안 아무도 당신에게 상처를 입히지 않는다! 당신에게 일어난 그 어떤 일도 당신을 괴롭히지 못한다. 당신을 괴롭힌 것은 바로 당신이었다. 실은 당신이 한 것도 아니었다. 마음먹고 자신을 괴롭히는 사람은 없기 때문이다. 당신 머리에 들어 있는 프로그램이, 당신 몸에 배어 있는 습관적 사고방식이 그 모든 일을 저질렀다. 사물과 인생을 어떻게 볼 것인가? 바꾸어야 할 것은 이것이다, 당신의 머리!

※

다른 연습을 해보자. 어떤 사람하고 무슨 문제가 있는가? 당신은 그가 믿음직스럽지 않고 남을 화나게 하고 게으르고 변덕스럽고, 그러니까 배척당해 마땅하다고 생각할 것이다.

당신이 사람들과 무슨 문제가 있다면, 충격받을 각오하고 들어라, 당신한테 잘못이 있다. 사람들 상대하는 데는 아무 문제 될 것이 없다. 당신이 바뀌면 모든 게 바뀐다. 당신이 온전히 자유로워지면 사람들이 바뀔 것이다. 당신은 사람들을 그들이 생긴 대로 보지 않고 당신이 생긴 대로 본다.

누가 나를 속상하게 해서 그래서 기분이 나쁘다면 문제가 나한테 있는 것이다. 바뀌어야 할 인간은 바로 나다! 어떻게 내가 나를 화나게 만들 힘을 다른 누구에게 줄 수 있단 말인가? 내가 행복할 것인지 불행할 것인지를 결정할 힘을 어떻게 다른 누구에게 줄 수 있단 말인가? 내가 그런 힘을 누군가에게 주었다면, 그 결과로 생기는 일을 나 말고 누구 탓으로 돌릴 것인가? "자연에는 보상도 형벌도 없다. 오직 결과들이 있을 따름." 당신이 성숙해져서 그것들을 대면할 수 있어야 한다. 그게 전부다.

우리는 남한테 조종당하지 않을 용기가 있어야 한다. 우리는 "아니"라고 말하기를 겁낸다. 남에게, 네 인생 네가 돌보라고 말하기를 두려워한다. "넌 네 인생을 살아라. 난 내 인생을 살겠다!" 이렇게 하지 않으면, 남들한테 조종당하도록 자기를 내버려둔 결과를 피할 길이 없다.

우리의 행복은 바깥 사물에 의하여 만들어지는 게 아니다. 참 행복은 원인이 없다. 어떤 사람이 당신을 행복하게 한다면, 당신 직업이 당신을 행복하게 한다면, 그것은 행복이 아니다. 충족된 욕망이다. 내가 무엇을 원한다. 그것을 가지게 된다. 나는 흥분하고 고마움을 느끼고 즐거워한다. 그러고는 잠시 뒤에 심드렁해진다. 혹은 아직 그것을 가지지 못했다. 나는 마음이 불편하다. 이건 행복이 아니다. 스쳐 지나가는 감정이다. 밑 빠진 독 같은 욕망을 채우려는 헛된 짓일 따름이다.

때로 나는 거의 모든 사람이 불행해지기로 작심한 것 같다는 생각이 든다. 이대로는 불행해지지 않을 방도가 없다. 그래서 우리는 엎어지고 넘어지고 비틀거리며 괴로운 인생길을 걷는 것이다. 되풀이한다. 참 행복은 원인이 없다. 누구도, 무엇도, 어떤 일도 당신에게 상처를 입히지 못할 때, 그때 당신은 행복할 것이다. 행복하기 위해서 당신이 할 일은 무엇인가? 없다. 아무 할 일이 없다. 다만 사물에 집착하지 말아야 한다. 미망으로부터, 그릇된 생각으로부터 거리를 두어야 한다. 어떻게 집착을 버릴 것인가? 거짓을 거짓으로, 잘못을 잘못으로 알아보면 된다.

앞에서 얘기한 아프리카 부족을 기억하시는가? 추방당한 사람이 왜 죽었는가? 마을에서 쫓겨났기 때문에? 아니다. 쫓겨난 상황에 자기가 무엇을 보탰기 때문이다. 당신의 불행

은 당신이 덧보탠 무엇으로 말미암는다. '보태기addition'가 불행의 원인이다. 당신은 어떻게 치유되는가? 병을 벗어던져라. 그게 건강이다. 건강은 존재하는 물건이 아니다. 질병 없음이 건강이다.

눈에 장애가 없으면 잘 본다. 귀에 막힘이 없으면 잘 듣는다. 혀에 이상이 없으면 맛을 잘 본다. 마음에 장애가 없으면 지혜와 행복이 찾아온다. 미망에서 벗어날 때 당신은 행복해진다.

나는 암으로 지독한 통증을 겪으면서 여전히 행복한 사람들을 보았다. 그들은 괴로워하지 않는다. 괴로워함suffering은 싸움struggling을 의미하기 때문이다. "이게 얼마나 계속될 것인가?"를 묻는 것이 괴로움이다. 현재 순간은 결코 견딜 수 없는 것이 아니다. 견딜 수 없는 것은 이제부터 네 시간 안에 일어날 일이다. 당신 몸은 아홉시에 있는데 마음은 열시 반에 있다. 그게 문제를 일으킨다. 당신 몸은 뉴욕에 있는데 마음은 파리에 있다. 그게 문제를 일으킨다.

그런즉 당신의 낙타를, 당신의 멍청이를 말뚝에 묶어라. 우리가 능히 할 수 있는 일로 하느님을 성가시게 해드리지 마라. 기도하라. 그리고 불을 피워라! 자신의 미망을 꿰뚫어 보고 거기서 벗어남으로써 이루어지는 변화가 곧 불이다.

당신은 지금 극장에서 콘서트를 감상하고 있는 중이다. 그런데 문득 자동차 문을 잠그지 않은 게 생각난다. 당신은 초조해진다. 일어나서 자동차 문을 잠그러 밖으로 나갈 수도 없고 앉아서 음악에 집중할 수도 없다. 당신은 둘 사이에서 이러지도 못하고 저러지도 못한다.

일본에 범을 피하여 도망치는 소년 이야기가 있다. 소년은 막다른 낭떠러지에 이르러 아래로 미끄러지다가 바위틈에 뿌리 내린 나무 가지를 붙잡는다. 위에는 범이 자기를 내려다보고 있다. 아래로는 가파른 벼랑 사이로 계곡이 까마득하게 내려다보인다. 그런데 움켜잡은 나무 가지에 잘 익은 열매가 달려 있다. 소년은 열매를 따서 입에 넣는다. 달콤한 맛이 기가 막히다! 거기서 소년은 한 번에 한 순간을 사

는 법, 유일한 삶의 법을 익힌다.

　남아프리카의 다이아몬드 광산이 어떻게 발견되었는지 아시는가? 그곳을 방문한 여행자가 추장 집 문 앞에 앉아 있는데, 아이들이 대리석 조각처럼 생긴 돌로 놀이를 하고 있었다. 그 중 하나를 들어 살펴보던 여행자는 가슴이 터질 것 같았다. 다이아몬드였다! 그가 추장에게 말했다. "우리 아이들도 돌을 가지고 노는데, 저 돌 몇 개 줄 수 있겠습니까? 대신 담배를 드리지요." 추장이 대답했다. "여긴 저런 돌이 얼마든지 있소. 당신 담배를 받는 건 염치없는 짓이지만, 그렇게 합시다." 담배를 주고 다이아몬드를 받아 집으로 돌아온 그는 그것을 팔아 추장의 땅을 샀고 그렇게 해서 세계 제일의 부자가 됐단다. 얘기의 요점은 이것이다. 그곳 사람들은 보석 더미 위에 살면서 그걸 몰랐다. 인생은 흥겨운 잔치판이다. 그런데 거의 모든 사람이 거기서 스스로 물러나 있다. 그들 눈에는 보석이 보이지 않는다.

　기도를 제대로 이해하고 실천한다면 그 밖에 다른 것들은 그다지 중요하게 여겨지지 않을 만큼 풍요로워질 것이다. "우리가 엉뚱한 것들로 바쁜 사이에 만들어지는 것이 인생이다." 우리는 남들에게 영향을 미치려고 바쁘다. 올림픽에서 우승하려고 바쁘다. 성공을 거두려고 바쁘다. 그러는 동안 우리 곁으로 인생이 스쳐 지나간다.

❈

우리 모두 안에 값진 무엇이 있다. 값비싼 보석, 진주가 있다. 하느님의 다스림the reign of God이 우리 안에 있다는 얘기다. 아, 우리가 그것을 발견할 수만 있다면! 인생의 비극은 얼마나 많은 고통을 겪느냐에 있지 않고 얼마나 많은 것을 놓치느냐에 있다. 사람들이 잠자면서 태어나고 잠자면서 살고 잠자면서 죽는다. 태어날 때는 잠자지 않고 깨어 있는 상태로 태어날 수 있다. 하지만 뇌가 커지면서 잠들어버린다. 우리는 잠자면서 아이를 낳고 잠자면서 아이를 기르고 잠자면서 사업체를 경영하고 잠자면서 정부 기관에 들어가고 그리고 잠자면서 죽는다. 그러는 동안 한 번도 깨어나지 않는다!

이 잠에서 깨어나는 데 영성 수련의 목적이 있다. 우리는 만취한 인사불성 상태로 살아간다. 흡사 마약에 절어 온몸

이 마비된 것 같다! 그런데도 자기가 무엇을 놓치고 있는지를 모른다. 어떻게 여기에서 벗어날 것인가? 어떻게 깨어날 것인가? 우리가 잠들어 있음을 어떻게 알 것인가?

신비주의자들은 사물들을 둘러보면서 그것들 중심에 흐르고 있는 특별한 기쁨extra joy을 발견한다. 모든 곳에서 흐르는 기쁨과 사랑을 그들은 한 목소리로 증언한다. 극심한 통증에 시달리면서도, 뼈아픈 고통을 겪으면서도, 그 무엇으로도 바꿀 수 없고 앗아갈 수 없는 엄청난 기쁨을 그들은 지니고 있다. 어떻게 그것을 얻을 것인가?

깨달음을 통해서! 그릇된 생각과 미망으로부터 자유로워짐으로써! 우리는 그것들을 떨쳐버려야 한다. 하느님께 "주십시오! 주십시오! 주십시오!" 하고 계속 말하는 게 쓸데없는 짓이기 때문이다. 일어나서 당신 낙타를 말뚝에 매어라. 우리가 능히 할 수 있는 일로 하느님을 성가시게 해드릴 순 없는 일이다.

어떤 사람 수염에 불이 붙었다. 사람들이 "당신 수염이 타고 있어요" 하고 소리치자 그가 말했다. "나도 알아요. 당신들 눈에는 내가 비를 내려달라고 기도하는 게 안 보입니까?"

우리는 말한다. "주님, 보게 해주셔요." 그러면서 여전히 눈을 감고 있는 것이다. 깨닫고 집중하고 보려고 애쓰는, 그게 기도다.

기도에 두 종류가 있다. 하나는 입으로 "주님, 주님!" 하는 것이고, 다른 하나는 그분이 시키는 대로 하는 것이다. 입으로 "주님, 주님!" 하지 않으면서 그분이 시키는 대로 하는 사람이 있다. 반면에 밤낮으로 "주님, 주님!"을 부르면서 기도하는데 주님께로부터 "나는 너를 모른다"는 말을 듣게 될 사람이 있다. "내 말대로 하여라"(Do what I say), 이것이 하느님 사랑이다. 사랑 안에서 변화됨, 이것이 하느님 사랑이다. 그때 당신은 하느님을 알게 될 것이다. 그때 당신은 진실이 무엇인지를 알게 될 것이다.

9

해방 Liberation

어려서부터 마약에 찌든 아이가 있다고 생각해 보자. 그의 온몸이 약을 달라고 아우성이다. 약 없이 사는 게 너무나 괴로워 차라리 죽는 게 낫지 싶다. 그런데 당신이나 나, 이 아이와 다를 게 없다는 얘기다. 어려서부터 우리는 '칭찬' '인정' '성공' '인기'라는 이름의 약들에 취하여 살았다. 일단 약에 길들여지면 당신은 사회의 통제 아래 들어가 세상이 시키는 대로 움직이는 로봇이 된다.

사람이 어떻게 로봇으로 되는 걸까? "야, 너 참 예쁘구나!" 이 말을 듣는 순간 로봇은 기분이 좋아 우쭐거린다. 칭찬 버튼을 계속 누르면 기고만장이다. 그러다가 반대로 비난 버튼을 누르면 금방 풀이 죽는다. 완벽한 통제다! 우리는 너무나 쉽게 남들의 칭찬에 놀아난다. 거꾸로 칭찬받지 못하면 자기가 무슨 실수를 저질렀나 싶어 겁이 나고 사람들이 웃을까봐 두렵다.

한번은 어느 집 거실에 앉아 있는데 세 살 된 여자아이가 화려한 옷을 차려입고 나타났다. 우리가 웃으며 박수를 치자 아이는 어른들이 자기를 비웃는 줄 알고 전속력으로 달아났다. 엄마가 따라서 밖으로 나갔지만 아이는 좀처럼 돌아오려 하지 않았다. 겨우 세 살이었다! 그 사이에 누군가 아이를 길들여놓았던 것이다. 사람들이 자기를 칭찬하는 줄 알았더라면 아이는 기분이 좋았으리라. 그런데 누군가 입을 비죽거리며 "에~" 하면 풀이 죽고 울음보를 터뜨리는 것이다. 일단 마약에 길들여지면 거기서 벗어나기가 여간 어렵지 않다.

당신은 예수께서 사람들이 자기를 어떻게 생각하는지에 따라 이랬다저랬다 하셨다고 보는가? 그랬을 리 없다. 깨어 있는 사람에게는 마약이 소용없다.

실수를 저질러 사람들한테 따돌림당했을 때 당신은 허탈감을 느낀다. 외로워진 당신은 '격려'라는 이름의 마약을 구걸하러 사람들을 찾아 나서고, 그렇게 하여 계속 통제당하는 인생으로 살아간다.

어떻게 여기에서 벗어날 것인가? 마약에 취한 당신은 그 때문에 사랑하는 능력을 상실했다. 더 이상 당신은 한 인간을 제대로 보지 못한다. 당신의 눈은 오직 사람들이 당신을 받아들이는지 아닌지, 당신을 칭찬하는지 아닌지에 쏠려 있다. 당신 눈에 그들은 당신한테서 마약을 빼앗아가는 위험

인물이거나 아니면 그것을 계속 대어주는 협조자이거나 둘 중에 하나다.

정치가들이 그렇다. 그들은 사람을 사람으로 보지 않는다. 모든 사람이 한 장의 투표용지로 보인다. 만일 당신이 표를 얻는 데 보탬이 되거나 방해가 되지 않는다면, 그들은 당신을 거들떠보지도 않을 것이다. 사업가들은 돈만 본다. 사람들은 보이지 않는다. 모두가 거래의 대상으로 보일 따름이다.

마약에 취해 있기는 우리도 마찬가지다. 어떻게 보이지 않는 것을 사랑할 수 있겠는가? 어떻게 우리는 마약으로부터 자유로워질 것인가? 우리 조직system에서 더듬이(觸手)들을 걷어내야 한다. 그것들은 우리 뼛속 깊이 배어 있다. 우리를 짓누르는 사회의 통제가 바로 그것들이다. 만일 우리한테서 그것들을 걷어낸다면, 상황은 변동이 없겠지만 사회의 통제로부터 거리를 두고 떨어질 수는 있다. 세상 안에 있으면서 세상에 속하지 않는 것이다.

하지만 그것은 두렵고 떨리는 일이다. 마약 중독자에게 "왜 산골짜기 맑은 샘물을 마시지 않느냐? 약을 끊어라. 그 대신에 맛있고 영양이 있는 음식을 먹으며 신선한 아침 공기를 마셔라"라고 말하는 것과 같다. 그는 그런 것을 생각조차 못할 것이다. 마약 없이는 살 수 없게 되었기 때문이다. 어떻게 여기에서 벗어날 것인가? 두려움을 정면으로 마주보아야 한다. 어째서 사람들 칭찬 없이는 살 수 없게 되었는지 그 이유를 알아야 한다.

어떻게 사람을 사랑할 것인가? 그들에 대하여 죽어야 한다. 사람들의 요구와 기대에 대하여 죽어라. 그들이 조제해서 주는 마약이 당신에게 무슨 짓을 하고 있는지 알아라.

당신 자신에게 인내심을 보여라. 그런 다음, 마약의 이름을 불러라. 그것은 인공 흥분제다. 당신, 정말로 사람답게 살고 싶은가? 당신의 감각과 마음을 신선하게 일깨워라. 당신이 하는 일과 자연을 고맙게 생각하고, 산으로 가서 나무와 별과 밤의 어둠을 감상하여라. 사람들을 돌려보내라. 그러면 완전 혼자가 될 것이다. 그때 그 홀로 있기 속에서 사랑이 움트리라. 바야흐로 당신은 죽음의 마을을 거쳐 사랑의 마을에 이르렀다. 이제 당신 가슴이 당신을 넓은 사막으로 데려간 것을 알게 될 것이다. 처음엔 외로움을 느낄 것이다. 지금껏 당신은 사람들을 의존하지 않고서 그들과 즐겁게 지내

는 법을 모르고 살아왔다.

이 과정 끝에서 마침내 당신은 사람들을 있는 그대로 보게 된다. 그때 비로소 사막이 사랑으로 바뀐 것을 알고 당신 가슴에서 연주되는 음악을 듣게 될 것이다. 그 음악은 영원한 샘물처럼 솟아날 것이다. 당신 자신에게 적절한 영양소를 공급하여라. 마약의 정확한 이름을 부르고 자신에게 참아주어라.

누군가 칭찬 듣고 싶은 사람, 인정받고 싶은 사람이 있는가? 그를 똑바로 마주보면서, 그가 어떻게 당신의 자유를 제한하고 있는지 알아볼 수 있겠는가? 고독감을 덜기 위해서 곁에 있으면 좋겠다고 생각되는 사람이 있는가? 바로 그가 어떻게 당신의 자유를 구속하고 있는지 생각해 보라. 당신은 지금 자유롭지 않다! 용감하게 자기 자신이 되려고 하지 않는 것이다!

이제 당신은 누구를 감동시킬 이유도 없고 그럴 필요도 없다. 그러지 않아도 된다. 누가 당신한테 무슨 짓을 해도 상관없이 당신은 평안하다. 더 이상 아무한테도 무엇을 바라거나 기대하지 않는다. 당신의 소원이 이루어지지 않아도 그 때문에 불행해지지 않는다.

 더 이상 남들로부터 자기를 지킬 필요가 없을 때 당신은 더 이상 사과하거나 해명할 필요를 느끼지 않는다. 당신이 남을 감동시켜야 할 아무 이유가 없다. 그럴 필요도 없다. 그들이 어떻게 생각하든지, 뭐라고 말하든지, 당신은 그로 인하여 어지러워지지 않는다. 기분 나쁘지도 않다. 더 이상 남들한테 휘둘리지 않는 것이다. 바로 거기에서 참사람이 비롯된다. 그 전까지는 아니다. 당신이 내게 필요한 존재인 그만큼 나는 당신을 사랑할 수 없다.

 "원수를 사랑하고 너희를 박해하는 사람들을 위하여 기도하여라. 그래야만 너희는 하늘에 계신 아버지의 아들이 될 것이다. 아버지께서는 악한 사람에게나 선한 사람에게나 똑같이 비를 내려주신다. 너희가 자기를 사랑하는 사람들만 사랑한다면 무슨 상을 받겠느냐? 세리들도 그만큼은 하지 않느냐? 또 너희가 자기 형제들에게만 인사를 한다면 남보다 나을 것이 무엇이냐? 이방인들도 그만큼은 하지 않느냐? 하늘에 계신 아버지께서 완전하신 것같이 너희도 완전한 사람이 되어라."

영성 Spirituality

영성靈性은 깨어 있음이다. 착각에서 벗어남이다. 영성은 어떤 사건, 사물, 사람에게 자비를 베푸는 것이 아니다. 당신 안에 있는 다이아몬드 광맥을 발견하는 것이다. 당신을 그리로 데려가려고 있는 게 종교다.

"온 세상을 얻고 네 영혼을 잃는다면 무슨 소용이겠느냐?" 황혼의 지는 해를 바라보거나 깊은 숲에 들어섰을 때 당신은 어떤 느낌인가? 그 느낌을, 당신이 사람들한테서 칭찬을 듣거나 인정받을 때의 느낌과 비교해 보라. 나는 앞의 느낌을 영혼의 느낌feelings of the soul이라고, 뒤의 느낌을 세상의 느낌feelings of the world이라고 부르겠다.

경주와 논쟁에서 이기고, 정상에 서고, 도전에 성공했을 때의 느낌을 상상해 보라. 세상의 느낌이다. 반면에 당신이 좋아하는 일을 하고 있을 때, 독서나 영화 감상 등 취미에 몰입해 있을 때의 느낌을 상상해 보라. 영혼의 느낌이다. 당신한테 권력이 있고, 당신이 두목이고, 모두가 당신을 우러러볼 때의 느낌을 상상해 보라. 세상의 느낌이다. 좋은 친구들과 어울리되 그들에게 속박당하지 않으면서 함께 웃고 떠들고 즐길 때의 느낌을 상상해 보라. 영혼의 느낌이다!

세상의 느낌들은 자연스럽지 못하다. 그것들은 우리를 통제하려고 사회가 만든 것들이다. 그것들은 결코 우리를 행복으로 인도하지 않는다. 고작 흥분과 허무 그리고 불안으로 이끌 따름이다. 당신 자신의 삶을 돌아보라. 의식적으로든 무의식적으로든 남들이 당신에 대하여 어떻게 생각하고 느끼고 말하는지를 조금도 염두에 두지 않고 사는 날이 단 하루라도 있는가? 당신의 발걸음은 통제받고 있다. 당신은 그들의 북소리에 맞추어 행진하고 있다. 주위를 둘러보라. 남들의 시선으로부터 자유로운 사람이 하나라도 있는가? 세상의 느낌들! 당신은 어디서나 세상의 느낌들에 묶여 있는 사람, 살아있는 허무living empty를 본다. 세상을 얻고 자기 영혼을 잃은 자들이다.

관광객들이 버스로 아름다운 시골길을 달리고 있다. 하지만 창문에 커튼이 드리워져 있어서 아무것도 보이지 않는다. 그들은 지금 누가 상석에 앉을 것인지, 누가 최고인지, 누가 예쁘고 누가 재능이 많은지를 겨루는 데 온통 정신이 팔려 있다. 아무래도 그런 식으로 여행을 마칠 것 같다. 당신이 지금 그 관광객들 가운데 하나라는 사실을 알아차린다면

당신은 자유다. 그리고 마침내 무엇이 영성인지를 이해할 것이다.

  그때 비로소 당신은 하느님이 누구신지, 실재가 무엇인지 알게 된다. 가장 큰 착각, 자기가 인정받아야 하고 사랑받아야 하고 성공해야 하고 영예와 명성과 권력과 인기를 얻어야 한다는 착각에서 벗어났기 때문이다. 필요한 건 하나뿐이다! 사랑하는 것이다. 그것을 알 때 당신은 바뀐다. 그리하여 인생은 기도가 되고, 당신이 하는 모든 일에 영성이 흘러넘친다.

11

명징 Clarity

미국에서 캐나다로 여행중이었다. 국경을 넘는데 운전기사가 말했다. "지금 우리는 미국 국경 위에 있어요!" 얼른 창밖을 내다보았다. 우스웠다. 아무 색다른 게 없었다. 국경이라는 게 사람 마음에 있는 것이요 자연에는 없다는 사실을 아는가? '미국 사람'도 당신 마음에만 있는 것이다. 미국 나무, 미국 산맥이란 어디에도 없다. 그것들은 모두 인간들끼리 맺은 협정convention일 뿐이다. 그러나 어떤 사람들은 그 협정 때문에 죽을 각오가 되어 있다. 그만큼 그들에게는 갈라놓는 게 중요한 모양이다.

크리스마스 날이 우리 마음에만 있는 날임을 아는가? 실제로는 크리스마스 날이 없다. 하지만 크리스마스 기분에 들뜬 사람들을 보라. 설날도 실은 없는 날이다. 사생아도 없다. 자연에는 사생아가 있을 수 없다. 사람들이 그렇게 규정했을 따름이다. 입양아 또한 우리 마음에만 있는 것이다. 지구에는 거의 모든 아이들이 입양되는 부족이 있고, 거기서는 아무도 입양되었다는 이유로 시달림을 받지 않는다. 우리는 단어와 관념들에 반응하며 살아간다. 관념으로 살고, 언어로 자신을 먹여 살린다.

한 농부가 러시아와 핀란드 국경 지대에 살았다. 어느 날 자기 밭을 러시아 땅으로 할 것인지 핀란드 땅으로 할 것인지 결정해야 되었다. 그는 핀란드를 택하였다. 러시아 관리가 와서 까닭을 물었다. 그가 대답하였다. "보시오. 나는 한평생 내 모국인 러시아 땅에서 살아왔소. 그런데 이제 나이를 먹고 보니 솔직히 더 이상 러시아 추위를 감당할 자신이 없구려!"

사랑은 매력attraction이 아니다. "다른 누구보다 더 당신을 사랑한다." 이 말은 번역하면 이런 뜻이다. "다른 누구보다 더 당신한테 끌린다." 어떻게 이런 일이? 당신이 다른 사람보다 더 나를 끌어당긴다, 그러니까 다른 사람보다 더 내 마음의 프로그램에 들어맞는다는 얘기다. 당신한테 아첨하는 말이 아니다. 하지만 만약에 내 프로그램이 달랐더라면? 나는 이렇게 말하는 사람들을 많이 본다. "그 친구, 그 여자 앞에서 눈에 콩깍지가 끼었어." 매력은 본디 눈이 멀었다!

늙은 부부가 결혼 60주년을 맞았다. 축하연을 마치고 고단한 몸으로 베란다에 앉아 있는데, 기분이 좋아진 영감이 마누라에게 말했다. "할멈, 당신한테 내가 미쳤나보오." "뭐

라고? 크게 말해요. 보청기가 없어서 안 들리니까." 영감이 큰소리로 말했다. "내가 당신한테 미쳤다고!" 그러자 마누라가 큰소리로 대꾸하기를, "흥! 나도 당신한테 지쳤소!"

매력이라는 게 대충 이렇게 끝나는 법이다. 당신은 어떤 사람 또는 어떤 사물에 매력을 느끼는가? 당신이 누구에게 매력이 있다고 말하면 그 사람은 고맙다고 할 것이다. 그러나 그 고마움 뒤로 걱정이 따르게 되어 있다. "내가 계속 이 매력을 유지할 수 있을까?" 이어서 뒤를 따라오는 소유욕, 질투 그리고 상실에 대한 두려움. 그건 결코 사랑이 아니다!

사랑은 무엇에 의존하지 않는다. 사람들이 서로 의존하는 것은 좋은 일이다. 만일 우리가 서로 의존하지 않는다면 사회가 유지되지 않을 것이다. 상호 의존이라! 우리는 이발사, 촛대 만드는 사람, 빵 굽는 사람, 비행기 조종사, 택시 기사 등 온갖 종류의 사람들에 의존한다. 그러나 행복하기 위하여 남을 의존한다면, 그건 참 고약한 일이다!

때로 우리는 골 빈 두 사람이 서로 의존하는 것을 본다. 모자라는 사람 둘이 서로를 받쳐준다. 두 개의 도미노! 하나가 흔들리면 다른 하나도 무너진다. 그게 사랑인가? 사랑은 우리 외로움을 달래주지 않는다. 사람들은 안으로 허무를 느끼고 그것을 채워줄 누군가를 찾아서 달려간다. 그건 사랑이 아니다. 허무와 외로움으로부터 도망치기 위하여 사람들은 온갖 행위와 일 또는 다른 사람의 손에 자기를 내어맡긴다. 하지만 외로움을 치료하는 약은 사람들 손에 있지 않다. 진실에 있다.

 외로움을 정면으로 마주 대할 때 우리는 그것이 거기에 있지 않다는 사실을 발견한다. 어떤 진공도 없다! 여기 기억해 둘 만한 진실이 있다, 우리가 찾는 것이 우리 안에 있다는! 우리 안에 있는 것을 직면할 때 우리가 피하여 도망치려는 것들이 사라진다. 그리고 우리가 찾는 것들이 표면에 나타난다. 사랑은 우리 외로움을 달래주지 않는다.

 흔히 사람들은 흥정하여 거래하는 상품에 대해 말하듯이 사랑을 말한다. "너 나한테 잘해줄래? 나도 너한테 잘해줄게." "너 내가 좋으냐? 나도 네가 좋다." "나한테 정나미가 떨

어졌다고? 좋아, 나도 너한테 온갖 정나미 다 떨어졌다!" 이게 사랑인가? 천만에! 그건 사랑으로 변장한 감정들이 거래되는 장터 풍경이다.

사랑은 욕망이 아니다. 일찍이 붓다께서 이르셨다. "세상이 고통으로 가득 차 있다. 고통의 뿌리는 욕망이다. 욕망이 근절되면 고통도 사라진다." 그가 말하는 욕망이란, 채우면 행복해지는 줄 아는 바로 그것이다. 게다가 우리 사회와 문화는 욕망을 더 키우라고 계속 부채질이다. 우리는 더욱 불행해지고 더욱 메마르도록 설계되어 있다. 세상이 고통으로 가득 차 있다. 고통의 뿌리는 욕망이다. 고통을 없애는 길은 욕망을 근절하는 데 있다.

어린 시절부터 우리는 야망을 품으라고 세뇌당했다! 야망이 없으면 아무것도 못 할 것이라고 배웠다. 일하는 기쁨과 즐거움은 잊어버렸다. 활 쏘는 자가 아무 목적 없이 그냥 쏠 때 자기 실력을 발휘한다. 하지만 금메달을 겨냥해서 쏘면 눈이 가물가물해지고 정신이 멍해지고 과녁이 둘로 보인다. 실력이 어디로 간 게 아니다. 금메달이 농간을 부린 것이다. 그는 지금 활 쏘는 일보다 금메달 따는 데 더 마음이 가 있다. 이겨야 한다는 생각이 그의 실력에 구멍을 내었다. 야망이 실력을 삼켜버린 것이다.

세상이 고통으로 가득 차 있다. 고통의 뿌리는 욕망이다. 욕망 위에 세워진 결혼은 쉬 부서진다. 언제든 갈라설 준비가 착실히 되어 있다. "당신한테 기대가 커요. 날 실망시키지 말아요." "나한테 기대를 걸어요. 내가 그걸 채워줄 테니." 그러면서 말다툼이다! "난 당신이 필요해. 당신은 내가 필요하고! 난 당신한테서 행복을 찾아야 해. 당신은 나한테서 행복을 찾아야 하고!" 그러곤 싸움질을 계속한다. 바로 여기가 소유의 느낌이 비롯되는 곳이다. 욕망이 있는 곳, 거기에 협박이 있고, 협박이 있는 곳, 거기에 두려움이 있다. 두려움이 있는 곳에는 사랑이 없다. 누구나 겁나는 것을 미워하기 때문이다. 욕망이 있는 곳이면 어디든 두려움이 따라온다. 하지만 온전한 사랑이 두려움을 몰아낸다!

사랑은 욕망이 아니다. 사랑은 집착이 아니다. 눈먼 열정은 사랑의 정반대다. 그런데 아무데서나 열정이 성전聖典으로 통한다. 영화에서 가요에서 끊임없이 듣는 게 사랑 타령이다. 나는 여자 주인공이 남자 친구에게 "널 사랑해. 너 없

인 못 살아"라고 말하는 영화를 보았다. 너 없인 못 산다고? 그게 사랑이라고? 아니다. 굶주림이다. 너에 대한 사랑의 열정에 사로잡힐 때 나는 더 이상 너를 보지 못한다. 좋은 감정이든 나쁜 감정이든 감정에 사로잡힐 때 나는 상대를 볼 수 없다. 감정이 길을 막고 나로 하여금 상대방에 대한 나의 욕구를 내뿜게 하기 때문이다.

❋

지금까지 무엇이 사랑이 아닌가에 대하여 말했다. 이제 사랑 아닌 것에 대한 이야기를 정리해야겠다. 자신의 두려움, 집착, 착각에서 벗어날 때 비로소 당신은 여태껏 당신이 그것들에 갇혀 있었음을 알게 된다. 꿈에서 깨어나야 그것이 꿈인 줄 아는 법이다. 우리는 온갖 착각들 속에서 살고 있다.

사랑은 무엇보다도 명징하게 인식하고 정확하게 반응하는 것을 의미한다. 사랑을 하려면 이것만은 해야 한다. 다른 사람을 있는 그대로 보기! 내가 당신을 보지 않으면서 어떻게 당신을 사랑할 수 있겠는가? 우리는 대개 상대방을 있는 그대로 보지 않는다. 자기가 그린 모습으로 본다. 남편인 당신은 아내를 있는 그대로 상대하는가? 아니면 아내니까 당연히 이래야 한다고 생각하는, 당신이 그린 아내 모습을 상대하는가? 아내인 당신은 남편을 있는 그대로 상대하는가? 아니면 남편이니까 최소한 이 정도는 돼야 한다고 생각하는, 당신이 그린 남편 모습을 상대하는가?

내가 어떤 경험을 했다. 그 경험이 생생하게 기억으로 남아 있다. 나는 그 경험에 근거해 판단한다. 가는 곳마다 그것을 가지고 다니면서 지금 눈앞의 현실이 아니라 그 경험에 근거해 행동하거나 반응한다. 나는 내가 그린 당신 초상화를 통해 당신을 본다.

나하고 다투고 나서 당신이 "미안하다"고 말할 때 내가 그 일을 더 이상 마음에 간직하지 않는다면 얼마나 좋겠는가? 신비주의자들이 '기억 정화 purification of the memory'를 말할 때 그 뜻이 바로 이것이다. 아무것도 기억하지 말라는 게 아니다. 기억에 근거한 감정을 비우라는 것이다. 당신의 고통을 치유하라!

당신은 말한다. "우리가 지난 이태 동안 얼마나 사랑했는

지 기억해요?" 당신은 지난 이태 동안의 당신과 지금 여기 있는 당신, 둘 중에 누구를 내가 상대하기를 바라는가? 사랑을 투자investment로 여기는 사람은 아직 사랑이 무엇인지 모르는 사람이다.

사랑은 모든 악기 소리에 귀를 기울이며 심포니를 듣는 것과 같다. 모든 사람에게 그리고 저마다에게 민감한 가슴으로 다가가는 것이 사랑이다. 심포니를 듣는데 드럼 소리만 듣는 사람을 당신은 상상할 수 있는가? 드럼 소리만 좋아해서 다른 악기 소리는 귀에 들어오지 않는 그런 사람이 있을까? 진정 음악 애호가라면 모든 악기 소리를 들을 것이다. 물론 선호하는 악기가 있겠지만 그래도 전체 음악을 듣는 게 음악을 사랑하는 사람의 기본 자세다. 우리가 무엇에 몰두할 때, 무엇에 집착할 때, 그 '무엇'이 두드러지면서 다른 것들은 흐릿해지게 마련이다.

사랑은 관계relationship가 아니다. 그것은 존재하는 상태 a state of being다. 사람이 있기 전에 사랑이 먼저 있었다. 우리가 존재하기 전에 이미 사랑이 존재했다. 눈에 장애가 없으면 눈앞에 있는 것이 보이게 마련이다. 사랑을 얻기 위해서 우리가 할 수 있는 일은 아무것도 없다. 자신의 의무, 집착, 소유, 편견, 편애 등을 알아차리고 그것들 모두에서 벗어날 때, 그때 사랑이 나타난다. 눈에 장애가 없을 때 앞에 있는 것을 보게 된다. 마음에 장애가 없을 때 앞에 있는 것을 사랑하게 된다.

12

치유 시작 Begin to Heal

 살면서 느끼는 불만을 우리는 어떻게 해결하는가? 무엇이 부족하다고 느껴질 때 우리는 그 모자라는 부분을 채워보려고 한다. 어떻게 하면 행복, 평화, 자기 사랑을 추구하면서 남들도 행복하게 도와줄 수 있을까? 우리에게 필요한 것은 책도 종교도 경전도 아니다. 특별한 구루도 의전儀典도 아니다. 우리의 다섯 가지 감각들만 있으면 된다. 당신의 몸과 마음을 보라. 그것들이 우리에게 필요한 전부다. 거기서 우리는 우리에게 필요한 모든 것을, 하느님이 우리에게 주신 재능과 함께 발견할 것이다.

 우리의 삶은 너무나 만족스럽지 못하다. 우리에게는 평화도 없고 즐거움도 없다. 있는 건 괴로움(苦)이다. 괴로움만 없으면 우리는 사랑할 것이다. 우리가 사랑하지 않는 유일한 이유는 괴롭기 때문이다. 괴롭지만 않으면 우리는 서로 사랑할 것이다. 사랑과 평화를 함께 누리며 그것들을 사방에 퍼뜨릴 것이다.

 우리의 괴로움에는 원인이 있다. 이것이 붓다의 위대한 통찰이다. 인간의 괴로움엔 원인이 있고 그 원인을 밝혀내면 괴로움이 소멸될 수 있다고 말했을 때 그의 천재가 빛났다.

그는 말한다, 우리가 해탈을, 니르바나를 얻게 되리라고.

무엇이 괴로움의 원인인가? 우리 생각을 구성하는 정신 활동이다. 가끔 마음이 고요할 때가 있다. 그럴 때에는 모든 것이 좋다. 하지만 그 마음이 움직이기 시작하면 붓다가 말하는 생각들이 일어난다. 그리하여 무엇을 판단하고 평가하면서 온갖 잡다한 생각들이 꼬리를 문다. 그렇게 마음이 사물을 평가하고 사람과 사건을 판단하면서 계속 움직인다. 바로 그 평가, 판단 그리고 정신적 구조물들mental constructions의 열매가 괴로움이다.

마음이 판단하지 않으면 괴로움도 없고 흔들리는 감정도 없다. 순수한 기쁨이 있을 뿐이다. 우리 모두 살면서 그 기쁨을 경험한 순간들이 있었다. 그것을 은총이라고, 우연한 일치 또는 행운이라고, 뭐라고 불러도 좋다. 갑자기 온몸이 평안으로 충만하고 마음은 더 이상 흔들리지 않고 기쁨과 즐거움을 경험하는 것이다.

자기 마음이 어떻게 작용하는지, 그것을 모를 때 우리는 정신적 구조물들에 의존하면서 이성reason의 눈치를 살피게 될 것이다. 사실이 아니라 자기 정신이 만든 것들 위에 인생을

설계하고 자기 마음의 발명품들에 스스로 갇힌다는 얘기다.

길을 걷다가 문득 아름다운 음악 소리를 듣는다. 황홀해진다. 그때 정신적 구조물인 생각이 등장한다. "아름다운 음악이군! 다시 듣고 싶다. 아무래도 녹음기를 하나 장만해야겠어. 그러려면 돈을 좀 모아야겠지?" 이 모두가 마음이 만들어낸 것들이다. 다른 사람이 지나다가 같은 음악을 듣고 역시 황홀해진다. 그가 속으로 말한다. "저 음악을 다시 듣고 싶지만 녹음기를 살 수 없으니 가슴속에서 다시 울리도록 담아두기로 하자." 마음의 구조물이 염려와 걱정을 만들어낸다. 음악은 매혹적인 것이다. 그냥 즐길 따름이다. 음악 또는 녹음기가 우리를 성가시게 하는 것이 아니다. 우리 마음이 만들어낸 생각이 우리를 쥐락펴락하는 것이다.

무엇이 당신 마음의 자유로운 판단들인가? 당신은 안에서 나는 이런 소리를 들어본 적이 있는가? "넌 이 일을 해야 해." "그렇게 말하면 안 돼." "너한테는 이것이 필요해." "너라면 이런 정도의 대접은 받아야지." 당신은 스스로 자유롭게 결단하는 쪽인가? 아니면 반드시 어떻게 해야 한다는 수많은 의무들에 묻혀서 살고 있는가? '반드시 해야 하는 일들'은 스스로 결단을 내릴 수 없게 한다. 사회와 인습이 해야 하는 일과 하면 안 되는 일의 목록을 자세하게 제시하고, 우리가 할 일은 그대로 따라서 하는 것뿐이기 때문이다.

그 '반드시 해야 하는 일들'이 오랜 옛날부터 인습적으로 내려온 매듭들이라는 사실을 당신은 알고 있는가? 지난날에는 놀라운 것이었겠지만 지금 시절에는 맞지 않을 수 있는 그것들은 모두 우리의 과거에서 온 기념품이다. 더 이상 우리에게 생명을 가져다주지 못한다. 그 속에는 사랑도 매력도 관심도 없다. 그것들은 정신적 마약이다. 우리의 지금 여기와 상관없는 때와 곳에서 온 것들이다. 그것들에는 '우리'가 더불어 할 일이 없다. '반드시 해야 하는 일들'은 생명도 없고 실재하는 것도 아니다.

우리는 마음이 만들어내는 구조물들을 알아야 한다. 무슨 일이 우리 안에서 일어나고 있는가? 보지도 듣지도 못하는 사람이 있다고 상상해 보자. 그가 사는 세상은 어떤 세상일까? 아마도 다른 모든 사람이 맹인이요 벙어리인 그런 세상일 것이다. 혹시 어느 날 자기가 만지고 냄새 맡고 맛보는 것들에 색깔이 있다는 것을 상상할 수 있을까? 만약에 당

신이 자신의 다섯 가지 감각을 경멸하면서 권위 있는 이들의 해석과 그들이 마련한 '해야 하는 일들'에 사로잡혀 있다면 당신 인생은 어떻게 될까? 당신은 자기 감각, 자기 생각, 자기 자신을 믿지 못하고 평생토록 생각하고 말하고 느끼고 행동하면서 권위 있는 이들의 인정을 받고자 애쓸 것이다. 실제로 어떤 사회는 그 사회의 집권층이 설정한 방식과 다른 방식으로 생각하고 말하고 행동하는 사람들에게 자백하고 회개할 것을 강요한다. 그런 짓을 하는 종교도 물론 있다.

권위와 복종으로 유지되는 질서가 있는 곳에는 안정된 겉모습 아래로 깊고 산만한 위험이 도사리고 있게 마련이다. 권력은 두려움, 신봉信奉, 유폐幽閉를 만든다. '해야 하는 것들'로 이루어지는 시스템은 사람들을 자신의 아름다움과 사랑과 우아함으로부터 멀어지게 할 수 있다.

당신은 어린아이 때부터 당신 자신이 아니었고 지금도 아니다. 진짜 당신이 누군지 알고 싶은가? 진짜 당신으로 될 용기가 있는가? 좋다! 흥분할 만한 일이다. 당신은 새로운 당신의 어떤 느낌, 생각 또는 행동을 좋아할 수 있다. 그러나 당신 어깨 너머로 그것을 보고 판단하는 누군가가 있게 해서는 안 된다. 이 새로운 인생은 자기를 수용하고 자기를 사랑하고 자신의 감각을 존중하여 신뢰하는 것으로 시작된다. 그것은 특별하고 철저한 수용이다. 준비되었는가?

밀림의 사자들이 내다보며 말한다. 여기 내가 있다! 마침내, 아무 두려움 없이!

❄

우리에게는 다섯 가지 감각이 있다. 여기에 다섯 가지 감각이 더 있어서 예상 못할 세계가 펼쳐지는 일이 가능하겠는가? 그럴 가능성을 상상조차 못하는 것은 그것을 인지할 감각 기관이 없기 때문이다. 태어나면서 눈멀고 귀먹은 사람은 자기가 만지고 냄새 맡는 꽃들에 색깔이 있다는 사실을 알 수 없다. 그에게는 '붉은 꽃'이라는 물건이 존재하지 않는다. 참된 나로 참되게 살려면 알지 못하는 것 the unknown 을 느끼고 생각하는 특별한 은사가 필요하다. '해야 하는 일들'을 위하여 살아가는 사람에겐 자신의 생각이 따로 없다. 두목이 웃을 때 따라서 웃는 졸개들처럼, 누군가에 의하여

만들어진 생각과 즐거움을 좇아서 살아갈 뿐이다. 그들은 웃기 전에 자기를 '정당화하는' 느낌을 경험해야 한다. 밖에서 오는 칭찬과 인정이 그들을 정당하게 만든다. 사소한 일을 하거나 자기 의견을 말하고 인생의 즐거움을 맛보고자 할 때 누군가의 허락을 받아야 하는 어른들이 뜻밖에 많이 있다. 어린 시절에 받아야 했던 허락을 어른이 되어서도 받아야 한다고 생각하는 것이다. 그들에게는 무엇을 결정하고 말하고 행동할 때마다 아무의 눈치도 보지 않는 게 결코 쉬운 일이 아니다.

 이 같은 자기 조건 위로 올라서기가 당신의 다섯 감각을 처음 사용할 때만큼 어려울 것이다. 남들의 인정과 칭찬을 받으려 하는 대신 자신의 다섯 감각을 신뢰하는 것이 처음엔 낯설고 어색하고 외롭기까지 하겠지만, 그러나 거기서 오는 즐거움은 어떤 말로도 설명 못할 만큼 크다. 당신 인생의 부활이라고 할 정도로.

 현실을 볼 때 과연 나는 무엇으로 무엇을 보고 있는가? 다섯 가지 감각이 현실에 대하여 무슨 새로운 정보를 내게 알려주는가? 현실에 특별한 무엇이 있는 것인가? 혹시 당신의 감각들이 거기에 없거나 있어도 부분적으로 있는 무엇을 만들어내는 건 아닌가? 우리는 모른다. 내가 지금 보고 있는 초록색이 진짜 초록색인지 아닌지 어떻게 아는가? 내가 초록색을 볼 때마다 당신한테는 그것이 붉은색일 경우를 상상해 보자. 그렇지 않다는 보장이 어디 있는가? 우리는 같은 물건을 본다고 생각하지만 실제로는 얼마든지 아닐 수 있다. 과연 우리가 보고 있는 것에 관하여 우리의 감각이 얼마나 책임져야 할 것인지 우리는 모른다. 하지만 그렇다고 해도, 우리에게 감각이 없어서 인생의 아무것도 발견하지 못한다면 얼마나 슬픈 일이겠는가?

만일 우리가 바깥의 권위를 어려워한다면 그것은 자신을 신뢰하지 않는다는 얘기다. 지금 내가 느끼는 이것이 현실에 대한 감각에서 오는 내 느낌인지 아니면 바깥의 권위로부터 주어진 느낌인지, 그것을 내가 어떻게 말할 수 있는가? 당신은 바르게 느끼는 정확한 법을 알고 있다고 생각하는가? 아니면 그런 것을 세워놓은 누군가를 알고 있는 것인가? 얼마나 자주 당신은 '해야 하는 일들'에서 벗어나, 스스로 보고 생각하고 느끼고 말하는가?

 '해야 하는 일들'의 수준을 넘어서지 않고서는 현실을 제대로 살아내는 건 관두고 현실을 제대로 인식하지도 못한다. 그리하여 현실이 아니라 현실에 대한 자신의 생각을, 정해진 예절과 행동 규범 안에서 실현할 따름이다. 이 상태에 머물러 있는 한 우리는 인생의 참맛을 보지 못하고 사랑도 제대로 못한다.

 한편 우리 감각이 모든 것을 있는 그대로 받아들인다고 생각한다면 문제가 있다. 실제로는 우리 마음이 매우 선택적이기 때문이다. 우리 마음은 쉴 새 없이 까부는 체와 같다. 우리는 현실을 보지 않는다. 아니 보지 못한다. 마음으로 걸러서 반영된 것만을 볼 뿐이다. 나는 당신을 보지 못한다. 내가 보는 것은 당신에 대한 내 마음의 생각이다. 우리가 같은 것을 서로 다르게 보는 이유가 여기 있다. 당신한테서 남들이 못 보는 것을 나는 본다. 거꾸로 당신한테서 남들이 보는 것을 나는 못 본다. 내가 당신을 보려면 기울어지고 한정된 내 마음 안에 당신을 가두어야 한다. 거기 좁은 내 마음 안에 어떻게 옹근 당신이 존재할 수 있겠는가? 그리고 과연 그게 당신인가?

우리 마음 안에 있는 것들은 끊임없이 필터로 걸러진 것들이다. 무엇이 그 필터들인가? 우리의 두려움, 욕망, 인간관계, 신념, 습관 그리고 여러 조건들이다. 그것들이 몸으로 감각되는 것들을 고르고 추린다. 그리하여 자기 마음이 만들어낸 형상들에 반응하는 것이다. 나는 어떤 미국 사람을 보고 느낌이 좋을 수 있다. 그런데 같은 사람을 보고 누구는 혐오감을 느낄 수 있다. 이 경우 우리 눈에 보이는 것은 인간인가? 아니면 각자 눈에 비친 인간의 형상인가?

무엇을 간절히 원할 때 남들 눈에는 잘 보이지 않는 그것이 우리 눈에는 너무 잘 보인다. 제트 비행기가 시끄러운 소리를 내며 날아가는데 잠을 자던 엄마가 칭얼대는 아기 울음소리에 벌떡 일어난다. 왜인가? 그녀의 감각 필터가 다른 소리를 걸러내었기 때문이다. 그것은 우리 모두한테서 일어나는 현상이다. 사람의 인식은 그의 과거 경험에 의존한다.

열등감이 있는 사람은 계속해서 자기가 못났다는 믿음을 확인시켜 주는 사건들을 겪는다. 우리는 항상 자기 신념을 확인하면서 산다. 미국인에 대하여 어떤 고정 관념이 있으면 꼭 그런 미국인들을 만나게 마련이다. 그렇게 우리는 고

르고 걸러내고 검열된 것들만으로 살아간다. 실제로 무엇이 우리 마음 안에 있는 것인가? 우리는 눈에 보이는 형상들에 마음으로 판단과 평가를 붙인다. 이건 좋고 저건 나쁘다, 이건 진짜고 저건 가짜다 등. 실제로 사람과 자연에는 좋은 것도 나쁜 것도 없다. 이것 또는 저것에 부과된 정신적 판단과 평가가 있을 뿐이다. 승부는 판가름 났고 게임은 잘 끝났다. 어느 팀이 좋고 어느 팀이 더 좋단 말인가?

실제로는 존재하는 모든 것이, 게임을 하는 사람들과 그들이 던지고 차고 껴안는 공과 함께, 모두 한바탕 게임이다. 공과 선수들이 함께 몰려다니며 움직인다. 그런데 사람들마다 그 움직임에 특별한 가치를 부여한다. 그들은 거기 존재하는 현실보다 현실에 대한 자기의 판단을 더 좋아한다. 게임 자체보다 게임에 대한 자신의 편견과 선입견에 더욱 열광한다. 우습지 않은가?

이와 같은 혼동에 빠져 있는 이유는 눈앞의 현실을 현실로 보지 않고, 백치들처럼, 그에 대한 자신의 평가를 쫓아다니기 때문이다. 계속해서 우리는 현실 위에다가 자신의 필터, 평가, 욕망을 덧붙인다. 풍선에 바람 넣듯이, 현실 속에 자기의 좋고 나쁨을 불어넣는다. 그래서 어떤 것은 바람직하고 어떤 것은 고약하다고, 이건 진짜고 저건 가짜라고 말한다. 그러나 사물은, 우리가 어떻게 이해하고 평가하든 간에, 그냥 그렇게 거기 있을 따름이다.

※

무엇이 깨어남awareness인가? 현실을 필터로 걸러내면서 자기가 그러고 있음을 보는 것이다. 우리는 다음과 같은 사실들에 깨어 있어야 한다.

자아self가 '에고'라는 관념을 발명하였다. '나'가 그것이다. 내가 세계를 본다는 것은 '내 것mine'이라는 생각을 빌딩, 컴퓨터, 도시, 현실에 투사한 것이다. 내게 어떤 물건을 줘보라. 나는 곧장 그것에 내 에고를 투사할 것이다. 그런데 그 '내 것'은 내 머리 속에만 있는 것이다. 내가 오늘 밤 죽는다 해서 '내 소유'로 된 빌딩이 사라지거나 바뀌는 일은 없을 테니까. 사물은 그냥 사물이다. 내 것도 아니고 네 것도 아니고 다른 누구의 것도 아니다. 내 것이니 네 것이니 하지만 사

람들끼리 만든 약속에 지나지 않는다.

당신 소유로 된 건물이 있다고 하자. 하지만 당신의 그 '소유'라는 것이 결국은 당신을 괴롭히기나 할 에고의 투사일 뿐이다. 건물은 그냥 건물이다. 모든 고통의 뿌리가 움켜잡는 집착에 있다. 집착이란 '에고'를, '내 것'이라는 생각을 어떤 대상에 투사하는 것이다. 당신 자신을 어떤 대상에 투사하는 즉시 집착이 발동한다. '내가' '나를' '내 것'이라는 말을 토지, 빌딩, 의복, 사회, 나라, 종교 그리고 자기 목숨에서 천천히 옮겨놓을 때 우리는 그만큼 자유로워진다. 더 이상 자아가 없게 되면 모든 사물이 그냥 사물일 뿐이다. 그때 비로소 당신은 삶을 삶으로 되게 한다.

모든 것이 잠시 있다가 사라지고 본디 모자라며 본질이 공空임을 깨닫는 거기에서 끝없는 기쁨이 솟아난다. 역설이다. "누가 내 어머니요 형제자매인가? 모두 내게는 없는 사람들이다." 문밖에 한 여인이 있는 건 사실이다. 그러나 '내 어머니'는 내 마음속에 있는 한 개념일 뿐이다. 나의 모든 인간 관계가 내 마음의 투사요 기능에 지나지 않는다. 아무도 이 진실을 보려고 하지 않는다. 덕분에 모두가 병들고 미쳐 있다. 우리는 각자 자기가 만든 세계를 살아간다. 그래서 고통과 감정의 파도가 끊임없이 출렁거린다. 우리는 그것들이 만들어내는 어지러움에서 벗어나려고 노력하지만 오히려 그럴수록 어지러움에 다른 어지러움을 보탤 따름이다.

"이건 내 것이다"라는 생각뿐 아니라 "나는 이것이다, 저것이다"라며 자기를 무엇과 동일시하는 것도 문제의 원인이다. "나는 좋다, 나는 나쁘다, 나는 괜찮은 사람이다, 나는 참을성이 없다." 이렇게 '자기'를 규정하는 것이 문제다. 내 몸의 조직은 당신 몸의 조직과 다르다. 당신이 보는 내 모습은 내가 보는 내 모습과 같지 않다. 내가 보는 나도 상황에 따라 달라진다. 당신이 말하는 나는 내가 아니다. 나 자신도 내가 누군지를 말로 설명 못한다.

에고가 없었으면 악도 없었을 것이다. 시크 교도에 집단 에고가 없었으면 아무 문제도 일어나지 않았을 것이다. 브라질, 스페인, 인도 사람들도 마찬가지다. 민족과 종교에 상관없이 모두가 똑같다. 온갖 협약, 찌지, 경계가 우리 마음의 발명품이다. 30년 전에는 파키스탄이라는 집단 에고가 없었다. 5백 년 전에는 아메리카를 위해 살고 죽는 사람들이 없

었다. 천 년 전에는 이슬람이 없었고, 2천 년 전에는 그리스도인이 없었다. 그것들은 본디 생명에 들어 있는 게 아니라 시대와 상황에 따라서 사람들이 발명해 낸 것들이다. 하느님이 만드신 자연이 아니다. 사람들이 생각해서 만들고 정하고 기록으로 후대에 넘겨준 것들이다. 사물은 그냥 사물일 뿐이다. 에고는 사람 마음이 만들어낸 작품이다.

우리 마음이 찌지를 만들어 각자에게 붙여주면서, 이제부터 이들과 저들은 갈라지라고 말한다. 그러고는 스스로 붙인 찌지를 지키기 위하여 목숨을 바치라고 요구하는 것이다. 우리는 그렇게 죽는 것을 영광스런 순교라고 칭송한다. 하지만 실제로는 아무데도 존재하지 않는 개념을 위하여, 협약을 위하여 죽어가는 것이다. 그들에게는 보이지 않는 보상이 약속된다. 만일 네가 신앙을 위하여, 조국을 위하여, 하느님을 위하여 죽는다면 죽은 뒤에라도 영원한 보상을 받을 것이다!

현실을 있는 그대로 보고 경험하기를 배운다는 게 결코 쉬운 일이 아니다. 드물게 몇 사람이 그럴 수 있도록 선택될 따름이다. 성공하고 싶은 욕망, 에고의 약속에 대한 기대가 현실보다 훨씬 더 매력적이고 근사하게 보이는 법이다. 신이여, 우리를 도우소서!

그러면 무엇이 명상meditation인가? 의식의 필터로 걸러낸 모든 것을 자세히 관찰하여 그것들이 잠정적이고 본디 모자라고 실체가 없는 것임을 깨달아 아는 것이 명상이다. 불교의 한 스승이 말했다. "그대는 만사에 좋고 나쁘다는 찌지를 붙이는 그대 마음을 관찰하는 데 일생을 바칠 수 있다." 장담하거니와 누구든지 자기 마음의 작용을 관찰할 수 있다면 한 순간도 지루하지 않을 것이다. 인간의 마음은 끊임없이 좋고 나쁜 것을 만들어내면서 그 판단에 따른 메시지를 보내고 있다. "이것은 좋다," 판단이다. "그러므로 이것은 바람직하다," 메시지다. "저것은 나쁘다," 판단하고 "그러니 바람직하지 않다," 메시지를 보낸다. 이와 같은 마음의 작용이 잠시도 쉬지 않고 이어진다. 그 모두가 자기 마음에 의하여 만들어진 것임을 알아차림은 참으로 놀라운 일이다. 좋음과

　나쁨은 실재하는 게 아니다. 바람직함과 바람직하지 않음도 그렇다. 모두 마음의 발명품이다. 자기 마음의 작용을 관찰하는 것은 매혹적인 일이다. 그것은 마치 세계 제일의 고수들과 컴퓨터 게임을 하는 것과 같다. 남은 생을 모두 거기에 바친다 해도 결코 지루하지 않을 것이다. 게다가 좋아하거나 싫어하는 것에 너무 진지하지 않으니까 인생 자체를 즐길 수도 있다.

　우리는 머리와 가슴을 더럽히는 것들에 저항할 필요가 있다. "마음이 깨끗한 자는 복이 있다. 그가 하느님을 볼 것이다." 마음에서 좋고 싫음을 씻어버릴 때 우리는 하느님을 보게 될 것이다. 종교는 의전儀典이나 학문에 관한 것이 아니다. 예배나 선한 행실에 관한 것도 아니다. 마음에서 온갖 불결함을 씻어내는 데 종교가 있다. 그것은 하느님을 만나러 가는 오솔길이다. 우리 안에 더 이상 집착과 혐오가 없을 때 사랑이 다시 태어나서 자란다. 그때 비로소 우리는 사랑을 알게 된다. 아니면 자기 마음이 만든 몇 가지 형상들에 계속 사로잡혀 있을 것이다. 집착도 아니고 혐오도 아니다. 사랑이다! 이 진실을 받아들여라. 그러면 당신이 원하는 모습의 사람을 당신 가슴으로 받아들이게 될 것이다.

종교의 언어로 하면, 하느님이 만물을 다스리신다. 사람들의 모든 생각과 행위에서 그분의 거룩한 뜻이 이루어진다. 집착과 혐오라는 이름의 불결함을 청소하여 당신 가슴을 깨끗하게 하라. 끊임없이 좋다고 나쁘다고 판단하는 당신 마음을 관찰하고 그것들이 어떻게 당신의 삶을 점령하고 있는지 알아차려라.

아무것도 판단하지 않는 비어 있음(空)의 경지에 도달한 사람은 더 이상 인격체person가 아니다. 그는 생명을 관통하고 생명 안에 있고 생명으로 흘러넘친다. 어떤 것도 그를 파멸시키지 못한다. 벽에 물감을 던져도 그 때문에 벽이 갈라지지 않는 것과 같다. 위대한 스승 하쿠인은 제자도 글도 아무것도 남기지 않았다. 그에 대하여 누군가 이렇게 말했다. "그가 숲에 들어갈 때 나뭇잎 하나 어지럽히지 않았다. 그가 물에 들어갈 때 작은 물결 하나 일으키지 않았다. 그는 세계의 조화를 조금도 깨뜨리지 않았다."

소란騷亂조차도 우리를 어지럽히지 못할 것이다. 만물은 있는 그대로 만물이다. 소란은 현실에 있는 것이 아니다. 우

리 머리에 있는 것이다. 소란을 못 견딜 어지러움으로 만드는 것은 우리의 판단이다. 같은 상황에서 다른 사람은 아무렇지도 않을 수 있다. 다르게 판단하기 때문이다.

명상은 집착도 동일화도 소유도 아니다. 그것들은 괴로움만 안겨줄 따름이다. 명상은 바라보는 것observation이다. 그것은 사람을 질문하게 하고 사랑하게 한다.

13

과감하게 느껴라 Dare to Feel

모든 심리적 문제들이 억제에서 비롯된다. 무엇이 정상인 normal person과 건강한 사람의 다른 점인가? 정상인은 규범대로 산다. 건강한 사람은 야만인 같다. 그 사람은 건강하긴 하지만 사회에 잘 어울리지 못한다. 어떻게 하면 우리는 정서적 건강을 유지하면서 이 사회에 잘 어울릴 수 있을까?

삶은 정서emotion에 기반을 둔다. 밀림에서 살아남는 동물은 달려들어 죽이는 것들이다. 교양 있게 잘 규제된 인간은 두려움을 속에 감추고 나무 뒤에 숨어 죽은 듯이 행동한다. 인종이 그렇게 규제당했더라면 아마 살아남지 못했을 것이다. 우리 조상들은 모든 생물 가운데 가장 용감하고 담대한 종種이었다.

인격은 논리와 순응에 연관된 것이 아니다. 그것은 느낌, 특히 표현되고 서로 나누어진 느낌에 연관된 것이다. 탁월한 사람들 가운데 흙탕물처럼 속을 알 수 없는 이들이 많다. 그들이 건강한 사람이냐 아니면 잘 통제된 사람이냐를 결정짓는 것은 정서적으로 어떻게 훈련받았느냐에 달려 있다. 아이들은 정서적으로 열려 있다. 그래서 모두 천재다. 순진한 어린 시절은 행복한 어린 시절이다. 아이들이 사춘기를 지나면서 누군가의 허락을 받고 움직이는 훈련을 받지 않는다면 어른이 되어도 아이처럼 행동할 것이다. 아이는 자유롭게 태어나지만 부모가 그들을 사슬로 묶는다. 어떤 아이는 끝내 그 사슬을 벗지 못하고 만다.

당신은 옥죄는 사슬에 묶여 있지 않은가?

❈

이 놀이play의 비극은 모든 악당들이 친구로 변장하고 있다는 점이다. 권위 있는 지도자들이 사람들을 가르치고 훈련하면서 그들에게 아주 많이 관심하고 좋은 뜻을 품고 있는 것처럼 보인다. 남자들이 여자들보다 더 많은 정신적 문제를 안고 있다. 예를 들어 말 더듬는 사람을 보라. 말 더듬는 여자 하나에 남자는 열이나 된다. 스트레스와 긴장의 정도가 같아도 그것을 푸는 방식은 천차만별이다. 여자들은 감정을 표현하는 데 있어서 남자들보다 비교적 자유롭다. 사회가 그것을 용인하기 때문이다. 그들은 남자들보다 쉽게 울 수 있다. 감정을 말로 표현하기도 더 쉽다. 남자들은 그렇

지 못하다. 그래서 그 값을 치르는 것이다.

당신은 사람들이 술 마실 때 그들의 감정이 풀리는 것을 보았는가? 그래서 감정상의 문제들이 풀어지는 것을 보았는가? 알코올은 일시적으로 사람의 정서를 해방시키는 화학 작용을 한다. 하지만 일시적인 해방은 사람을 억압하는 온갖 금지들로 말미암아 빚어지는 문제들을 결코 풀지 못한다.

정서는 생명의 기본적인 법칙이다. 어떤 사람의 감정을 억제해 보라. 신경증적 반응이 나올 것이다. 모든 동물이 감각적인 자극을 받을 필요가 있다. 자연에는 신경쇠약에 걸린 짐승 같은 것은 없다. 그러나 실험실에서 냄새 맡고 건드리고 맛보는 따위 감각적 자극을 박탈당한 동물은 풀이 죽거나 과격한 행동을 한다.

전체 종교인의 85퍼센트가 풀이 죽어 있다. 감당할 임무가 너무 많고 추구할 이상이 너무 높은데다가 충분한 감각적 자극을 받지 못해서다. 그들 또한 풀이 죽거나 아니면 과격한 행동을 한다. 행동을 취하는 것도 일종의 자극이긴 하지만 그래도 사람은 정서적 자극을 받아야 한다.

사람들은 어떻게 정서적 자극을 받는가? 자기의 감정을

표출시키는 것으로 받는다. 신체적으로 무력감이 느껴질 때 당신은 걷거나 운동을 한다. 무슨 일로 풀이 죽으면 감정을 발산할 모험을 감행한다. 이런 식으로 당신의 감정이 정상적인 흐름을 회복하게 되는 것이다. 정서적·감각적 자극이 자기 안에서 막힐 때 우리는 풀이 죽는다. 당신의 느낌을 표출시켜라. 종교도 모르고 두려움도 모르고 아무것도 모르는 천방지축 아이들이 얼마나 쉽게 자기 느낌을 표현하는지 눈여겨보라. 감정적으로 당신을 자극할 다른 사람이 필요 없게 될 것이다. 당신이 중심이 되고, 더 이상 나무 뒤에 숨지 않을 것이다. 당신의 느낌을 표출하면서, 다른 사람들이 어떻게 반응하는지에 별로 신경 쓰지 않을 것이다.

다른 사람들이 어찌 생각하는지에 왜 그토록 의존하는가? 스스로 금지당하는 까닭이 무엇인가? 본인의 감정들이 자유로이 흐를 때, 당신은 다른 사람들이 필요치 않고, 그들의 견해가 두렵지도 않다. 당신 안에 이미 충분한 은총과 풍요가 있고, 언제든지 쏠 수 있는 생명과 정서들이 있어서, 당신이 살아가는 데 정말 다른 사람들이 필요한지를 의심하게까지 될 것이다. 일단 어떤 사람에 대한 두려움이 사라지면 당

신은 그에게서 자유로워진다. 그러면 그 사람 대신 다른 누구를 두려워하고 있는지 알아보고 싶을 것이다. 우리는 욕망, 의존, 두려움의 대상을 쉽게 바꾼다. 그랬을 경우 당신은 그들로부터 또한 자유로워져야 한다. 칭찬이라는 병은 깊고 신속하게 그 뿌리를 내린다. 당신이 그토록 사랑한 사람들에게 어쩌면 그토록 미움과 두려움과 분노를 퍼부을 수 있단 말인가? 그 이유는 다른 데 있지 않다. 당신이 살아남기 위해서 필요한 무엇이 있다 생각하고, 그것을 그들한테서 얻으려 했기 때문이다. 누구를 두려워하면서, 누구에게 절망하면서, 그를 사랑할 수는 없는 일이다. 당신은 아직도 그것을 그들한테서 얻고자 하는가? 무엇을 사랑할 것이냐? 아니면 욕망할 것이냐? 남들이 바뀌기를 바랄 것이냐? 아니면 그들로부터 자유로워질 것이냐? 선택은 당신 몫이다.

협박당하지만 않으면 아이들은 언제나 훌륭하다. 그들은 무엇이든지 듣고 보고 배울 수 있다. 그런데 그들이 자신의 경험과 잘못들을 두려움, 부끄러움, 악, 죄 따위와 섞어버리는 것은 무엇 때문일까? 우리는 어디서 그것을 배우는가? 당신에게 부끄러워하고 두려워하는 것이 잘하는 짓이라고 가르친 사람을 기억하는가?

"손님 앞에서 그러는 게 아니야."

"미안해요, 엄마."

"사과드려라."

"죄송합니다."

"너 때문에 창피해 죽겠어. 너도 좀 부끄러운 줄 알았으면 좋겠다."……

실수는 흔히 있는 일이고 오히려 건강한 것이다. 실수가 없다면 거기엔 어떤 모험도 없을 것이고 다만 잘 통제된 모범생만 있을 것이다. 그건 인생도 아니고 의미 있는 창조도 아니고 사랑의 경험도 아니고 복음의 메시지는 더욱 아니다.

❋

사람이 빈틈없는 모범생으로 사는 이유가 어디 있다고 생각하는가? 인격화된 두려움? 흔히 교육, 가족 사이의 결속, 권위, 복종이라는 탈을 쓰고 정서적인 학대가 이루어진다. 지금 아이들은 무엇을 배우고 있는가? 당신은 실수하거나

남을 실망시킬 때 저절로 마음이 거북해지는가? 사람들의 비난을 사거나 책망을 들을까봐 겁이 나는가? 그렇다면 당신은 주변 상황에 휘둘리며 살아가는 사람의 훌륭한 견본이다. 당신은 다른 사람들의 기대를 채워주려는 헛된 수고로 인생을 힘겹게 사는 사람이 바로 당신임을 알고 있는가?

당신을 있는 그대로 표현하면서 자유롭게 행복하게 살도록 가르친 사람이 누군가? 반대로, 행복하게 사는 길은 남들의 칭찬을 듣고 인정을 받는 데 있다고 가르친 사람은 누군가?

당신이 가장 행복했던 순간들을 떠올려보라. 그때 당신은 무엇을 하고 있었던가? 어쩌면 남들이 어떻게 생각할까를 염두에 두지 않고 당신 생각을 말하고 있었을 것이다. 그때 당신은 자유롭게 그리고 확신에 차서 행동하였다. 남들의 칭찬을 듣는 데는 도무지 흥미가 없었다.

우리는 불행하도록 훈련받았다. "먼저 생각하고 나서 말해라." 이 말을 들으면서 우리는 자랐다. 어떻게 해서든지 특별한 존재가 되어 남의 칭찬을 듣도록, 만사에 자기를 검열하도록 그렇게 훈련받은 것이다. "말하기 전에 두 번 생각해라. 네 감정을 그대로 표현하지 말고 다른 사람이 듣고 싶어 하는 것을 말해라. 남들이 어떻게 생각할 것인지에 대하여 늘 생각해라." 그리하여 모두들 다른 사람이 어떻게 생각할까를 생각하면서 말하기 시작한 것이다. 우리 가운데 몇이나 실제 생활에서 자기를 있는 그대로 표현하도록 훈련받았던가?

 우리는 예민한 센서로 권위 있는 누군가의 눈치를 살피며, '다른 사람들'이라는 모호하고 변덕스러운 존재를 의식하며 지금까지 살아왔다. 과연 그 '다른 사람들' 눈에 들도록 노력하는 데 당신의 행복이 있다고 생각하는가? 종교인들 가운데는 어떻게 해서든지 하나의 '개념', '하느님'이라는 개념 concept of 'God'의 칭찬을 들으려고 한평생 불행하게 사는 딱한 사람들이 있다. 그리하여 그들은 영원히 정서적으로 결핍되어 있고, 그 '개념' 덕분에 영적으로도 결핍되어 있다. 어림잡아 전체 종교인의 85퍼센트는 그러고 있다고 봐야 할 것이다.

 사람들은 묻는다. "어떻게 해서 나는 이렇게 겁이 많고 자

기 느낌을 제대로 표현하지 못하는 사람이 됐을까?" 그것은 "어떻게 내 어린 시절의 자연스런 감정들이 내게서 사라져 버렸을까?"를 묻고 있는 것이다. 언제 그리고 누구에 의해서 우리의 감정 표현이 뒤틀리고 부서지고 막힌 것일까? 그 과정이 '어디에서' 비롯되었는지는 중요한 문제가 아니다. 필요한 것은 사람이 치유되는 것이다. 누구 때문에 또는 어떤 일로 그렇게 되었는지는 중요하지 않다. 사람을 고쳐라! 과거는 죽었고 묻혔고 다시 살아난다. 선과 악이 거기서 온다. 삶이 거기서 온다. 과거를 사랑하자. 그리고 현재를 치료하자. 삶의 가장 중요한 순간인 바로 지금 여기에서! 그것으로 충분하다.

잘 통제되고 이기적인 사람들은 언제나 자기 자신한테 사로잡혀 있다. 그들은 자기를 좋아하지 않는다. 그들은 별로 매력적이지 못하다. 자기 느낌들을 드러내지 않고 하늘로부터 선물로 받은 재능을 스스로 감추기 때문이다. 다른 사람들과 함께 살면서 어쩔 수 없이 겪어야 하는 위험을 받아들이려 하지 않는다. 그들은 자기 생각을 남에게 좀처럼 말해 주지 않는다. 칭찬 듣기 위해 사는 법을 열심히 공부했지만 아무리 노력해도 끝이 없다. 스스로 통제된 사람들은 사랑받기를 간절히 바라면서도 사랑할 줄은 모른다. 함께하지 않고서는 사랑할 길이 없는데, 자기가 만든 두꺼운 껍질에 스스로 갇혀 있는 것이다.

누구에게나 문제가 있다. 그러나 그것들을 표출시키면 문제는 사라진다. 그런 사람은 정신과 치료를 받을 필요가 없다.

어느 환자가 정신과 의사에게 말한다.

"난 선생의 열렬한 팬이오."

"그래요?"

"아무래도 내가 선생을 사랑하는 것 같소."

"좋습니다. 평소에 어떤 느낌인데요?"

"선생하고 이야기 나누는 걸 상상만 해도 즐겁소. 상담 마치고 돌아갈 때 난 참 행복하오. 내 느낌을 맘 놓고 털어놓을 수 있어서, 그게 좋아요. 이 치료를 계속할 수 있을까요?"

"방금 당신이 한 말에 대한 내 생각을 알고 싶진 않습니까?"

"아니, 알고 싶지 않소!"

얼마나 유쾌한가! 자기 느낌을 알아주는 사람에게 거침없이 자유롭게 말할 수 있다는 사실이야말로 놀라운 것이다.

 모든 심리적 문제가 자기 느낌을 맘대로 표현하지 못한 결과다. 우리는 겁을 먹고 있다. 밝은 느낌이든 어두운 느낌이든 자기 느낌을 어떻게 표현할는지 그 방법을 잘 모른다. 우리는 느낌을 표현하는 데 문맹이다. 우리는 두렵다. 자기 문제가 무엇인지는 웬만큼 말할 수 있겠는데, 느낌에 대해서는 그게 안 된다.

 칼 로저스는 하나로 통합congruence에 대하여 말한다. 내 문제를 당신에게 그대로 보여주는 것이 하나로 통합이다. 그건 위험한 일이다. 당신에 대한 나의 느낌을 있는 그대로 솔직하게 당신과 나눈다는 얘기다. 이를테면 "난 당신한테 푹 빠졌다. 당신은 성적 매력이 있다. 하지만 당신 안에는 내가 좋아하지 않는 점도 있다. 가끔 당신과 함께 있는 것이 불쾌할 때도 있다." 하지만 많은 사람이 이런 식으로 자기를 밝히거나 속을 털어놓지는 않는다. 느낌은 나의 내적 자아와 매우 가깝다. 사람들이 내가 무슨 짓을 했는지는 알려고 하지 않고, 내가 누군지, 내 느낌이 어떤지를 알려고 한다면, 그런다면 우리 사이에 무슨 일이 일어나겠는가?

 통제된 사람들은 감정이 제대로 분출되지 않는 정서적 변

비로 고생한다. 건강을 유지하려면 안에서 소화가 잘 되어야 한다. 그래서 음식은 에너지로 바뀌고 찌꺼기는 말끔히 배출되어야 한다. 이렇게 음식물이 규칙적으로 몸을 통과해야 건강이 유지된다. 마찬가지로 감정들 또한 끊임없이 소화되어야 한다. 우리는 그것들을 흘려보내야 한다. 그러지 않으면 쌓인 감정들이 독을 품고 궤양으로 잠복된다. 남들의 인정을 받으려고 온갖 예절을 지키고 착한 짓만 골라서 하다 보니 결국 정서적 변비를 일으키고 속으로 위선의 탑만 쌓는 것이다. 그런 사람들은 정서가 메말라 도무지 사는 재미가 없고 살맛도 나지 않는다. 어떤 사람은 아침에 일어나는 것 자체가 힘들고 사람들 만나는 게 두렵기도 하다. 하지만 세상을 정면으로 마주대하려면 어머니 자궁의 안전함과 평온함을 등지고 떠나서 위험하고 흔들리는 바깥세상으로 나와야 한다. 어떻게든지 안전 지대에 머물러 있고 인생의 위험한 모험을 피하려고만 하면 잘 통제된 인격의 응어리가 자기 의지를 억누르고 모든 에너지가 속으로 뭉쳐지면서 결국 인생의 흐름이 막히게 되는 것이다.

  통제된 사람들은 자기한테 빠져 있기 때문에 무척 이기적

이다. 그러면서도 아직 충분히 이기적이지 못하다. 자기의 진정한 유익을 위하여 씨름하고 있지 않기 때문이다. 그들은 스스로 주변 환경에 민감하다고 주장하지만, 실은 상아탑 속에 살고 있다. 통제된 사람들은 언제나 누군가를 기쁘게 하려고 한다. 그들은 담 위에 앉아 있으면서, 자기 느낌만 빼고 다른 모든 것에 대하여 말하거나 입을 다물 수 있다. "아니"라고 말하려면 여간 힘들지 않다. 항상 누군가의 인정을 받아야 하기 때문이다. "예"라고 말함으로써 자기가 얻고자 하는 것을 손에 넣을 수 있다고 생각한다. 그들은 언제나 긴장 상태다. 푹 쉴 줄을 모른다. 그들은 우물우물하고 뭐든지 속에 감추려 한다. 자기가 무엇을 점심으로 먹었는지 좀처럼 말하지 않는다. 그들은 '나'라는 말을 피한다.

이른바 매너가 좋다는 사람들이 얼마나 지나치게 자기를 규제하고 있는지, 당신은 눈여겨본 적 있는가? 아무렇게나 마구 자란 사람이 통제받지 않는 자유인으로 된다는 얘긴 결코 아니다. 하지만 마약이나 섹스에 의존하든지, 남들의 칭찬에 목을 매든지, 아니면 말더듬이 같은 눈에 띄는 증상이 있든지, 아무튼 그 모두가 지나친 통제를 받으면서 자란 어린 시절에 원인이 있는 건 사실이다. 이제라도 그 모든 규제의 끈을 풀어버릴 수 있다. 사람들은 치유될 수 있다. 그냥 당신의 느낌을 말해라. 언제든지 터놓고 말해라. 그뿐이다! 애들이 하루 종일 하는 일이 바로 그것이다.(초등학교에 들어가기 전까지!) 그들은 자기 느낌을 유모, 할머니, 곰 인형, 친구에게 거침없이 말한다.(자기 말을 틀어막는 사람들을 만나기 전까지!) 친밀함이란 바로 그런 것이다. 사랑이란 바로 그런 것이다. 세상에서 가장 필요한 게 바로 그것이다.

14

열여덟 가지 연습 ^{18 Exercises}

연습 1

당신의 인간 관계에 숨어 있는 두려움과 염려를 드러내라.

1. 그것들 가운데 하나를 선택한다.
2. 모든 염려 뒤에는 당신이 스스로 만든 요구가 숨어 있다. 그 요구가 무엇인지 분명하게 잡아낼 수 있겠는가?
3. 그 요구가 무엇을 기대하는지 또는 어디에서 그 요구가 나왔는지를 알아본다.(당신으로 하여금 어떤 특별한 생각을 하게 만든 무엇이 반드시 있다. 예컨대 당신이 행복하려면 다른 사람이 필요하다는 믿음 또는 다른 사람의 행동이 당신을 행복하게 만들거나 당신의 행복을 통제할 수 있다는 믿음 등)
4. 이제 당신 내면을 들여다본다. 거기, 당신 혼자만으로 충분히 행복할 수 있는 영역이 크게 열려 있음을 알아본다. 당신이 이제까지 당신 안에 있는 그것을 보지 못한 이유는, 당신이 믿는 것들 또는 세상에 대한 당신의 착각에 시선이 고착되어 있었기 때문이다. 당신이 행복할 때 염려는 사라진다.

| 생각해 보자

 욕망은 분명코 사랑이 아니다. 그런데도 사람들은 그것을 사랑으로 혼동한다. 누구를 흡족하게 해주려고 온갖 노력을 다 기울이는 바로 그 자리에 욕망은 안방을 마련하고, 끝없이 더 많은 무엇을 찾아 헤매게 한다. 사랑은 처음부터 당신 안에 자리 잡고 있다.

연습 2

 1. 당신이 누구와 다투거나 갈등을 빚은 일들이 있는지 생각해 본다.
 2. 실은 그 대부분의 경우에 당신이 꼭 그랬어야 하는 이유가 없었음을 알아차린다.
 3. 그 일이 당신 뜻대로 안 돼도 겁날 게 없는 당신 모습을 잠시 상상해 본다.
 4. 사람들한테 무시당해도 겁날 것 없는 당신 모습을 그려 본다.

5. 이때 떠오르는 담대한 느낌을 키워준다. 당신은 이미 행복해졌다. 느껴지는가? 행복은 내가 무엇을 가졌느냐에 있지 않고 내가 누구냐에 있다. 당신은 필요한 것을 모두 가지고 있다. 알 수 있겠는가? 그게 진짜 믿음이다.

| 생각해 보자

인생이란 부자 되고 유명해지고 예뻐 보이고 인기 얻으려고 애를 쓰거나 가난해지고 무시당하고 미워 보일까봐 두려워서 전전매느라고 시간을 낭비하기에는 너무나도 값진 것이다. 그런 것들은 눈부신 다이아몬드 곁에 굴러다니는 돌멩이들만큼이나 시시한 것들이다. 당신 — 그리고 당신의 참자아 — 은 언제나 다이아몬드였고 앞으로도 다이아몬드일 것이다. 당신 인생은 값을 매길 수 없을 만큼 소중한 것이다. 값진 원고로 불쏘시개를 삼을 참인가? 세상을 감동시키려는 노력은 당신의 값진 생애를 아무것도 아닌 일에 낭비하는 것과 같다. 사람들을 가장 불행하게 만드는 것이 바로 그런 자세다. 터무니없는 신조를 만들어 스스로 갇히지 말고 현실을 살자.

연습 3

1. 당신을 칭찬하는 사람들에 대하여 생각해 보자. 그들이 뭐라고 말하는가? 당신에게 말해 줘라. "이들이 칭찬하는 것들은 내가 아니다. 나에게 속한 것들이다." 당신을 어떤 물건, 생각, 언어 또는 찌지 따위에 일치시키지 마라. 혹시 필요하면, 일정 간격을 두고 그것들과 합하라.

2. 당신을 비판하는 사람들에 대하여 생각해 보자. 그들이 뭐라고 말하는가? 당신에게 말해 줘라. "이들이 비판하는 것들은 내가 아니다. 나에게 속한 것들이다." 존재하는 유일한 것은 일정 간격을 둔 합동distant association이다. 어떤 물건, 생각, 언어 또는 찌지에 당신을 일치시키지 마라.

3. 과거에 잘못한 당신을 비난하는 당신에 대하여 생각해 보자. 당신에게 말해 줘라. "지금 비난받는 것들은 내가 아니다. 그것들은 일정 간격을 두고 나와 연결되어 있다. 내 생각, 내 판단은 내가 아니다. 내 것일 수는 있겠지만, 그러나 나는 아니다." 당신의 자아는 나쁜 것도 좋은 것도 아니다. 예쁜 것도 추한 것도 아니다. 잘난 것도 못난 것도 아니다. 그것은 그

냥 있다. 영spirit처럼, 사람의 언어로 묘사될 수 있는 게 아니다. 모든 것 — 당신의 느낌, 생각 그리고 세포들을 포함하여 — 이 오고간다. 그것들 가운데 어느 것에도 당신을 일치시키지 마라. 당신의 자아는 그 중 어느 것도 아니다.

| 생각해 보자

따로 애쓸 것 없다. 영성은 참 자아의 문제이다. 참 자아 되기, 참 자아 깨닫기, 이것이 영성 수련의 과제다. 비록 허황되게, 정신없이, 정낭치 못하게 그리고 잔인하게 행동했다 하더라도 그 정도로 자기가 아무것도 몰랐다는 사실을 깨달아 알 때 우리는 구원받는다. 우리 본성이 독특하고 변함없는 것이고, 우리 자아가 그동안 하느님 은혜로 그렇게 존재했음을 알게 될 때 우리는 영적 자아spiritual self에 도달한다. 우리는 복된 소식을 들으려고 애쓸 필요 없다. 우리 안에 다이아몬드 광산이 있고 우리가 그 주인이다. 더 이상 '착한 사람'이 되어야 한다는 어린애 같은 생각에 사로잡히지 않을 때 마침내 자유로워진 당신을 보게 될 것이다. 공기, 생명 또는 하느님이 당신한테 있다는 진실을 깨달을 때 당신

은 더 이상 그것들을 잡으려고 노력하지 않게 될 것이다.

연습 4

1. 일상 생활에서 당신을 성가시게 어지럽히는 것들의 목록을 작성한다.

2. 믿기 어렵긴 하겠지만 아무것도, 그 누구도, 당신을 성가시게 어지럽힐 힘을 지니지 못했다는 사실을 인정하라. 당신이 경험하는 온갖 성가신 일들은 스스로를 무엇에 일치시키는 '동화同化, identification'라는 착각에 집착해서 생기는 것들이다. 우리가 깨어 있으면 그 어떤 불의나 악도 우리를 괴롭힐 수 없다. 그럴 힘이 없기 때문이다. 어떤 일이 일어나도 우리는 평화로울 수 있다. 비록 술 취한 운전기사의 자동차라 해도 비행기에 앉아 있는 우리를 덮칠 수는 없는 일이다. 시커먼 먹구름이 두터워도 하늘을 어지럽히진 못한다.

3. 먼저 작성한 목록을 보면서 말한다. "나는 이것이 아니다. 저것도 아니다. 무슨 일이 일어나든지 나는 내 참 자아

를 잃지 않을 것이다." 아무도 당신을 자기 맘대로 통제하며 "내 말에 복종하라. 내가 너에게 너 자신을 주겠다"라고 말할 수 없다. 이제 더 이상 당신은 다른 누가 당신에게 당신 자아를 주거나 앗아갈 수 있다고 생각하지 않는다. 무슨 일에도 싫증내거나 분개하지 않는다는 게 무엇을 의미하는지 알겠는가? 이것이야말로 값을 매길 수 없는 진주다. 당신이 무엇을 그 값으로 내놓을 수 있겠는가?

| 생각해 보자

유명해질 필요 없다. 사랑받거나 인정받을 필요도 없다. 뛰어난 존재나 중요 인물이 될 필요도 없다. 그런 것들은 사람이 사람답게 사는 데 반드시 있어야 하는 요소들이 아니다. 모두가 에고―조건이 딸린 자아―인 '나'한테서 생겨난 욕망들일 뿐. 당신의 가장 깊은 곳에 있는 진짜 당신은 그런 것들에 아무 흥미가 없다. 그에게는 행복하기 위해서 필요한 것들이 이미 모두 갖추어져 있다. 당신에게 필요한 것은, 당신이 그런 허망한 것들에 집착하고 있음을 알아차리는 게 전부다. 바야흐로 당신은 자유로 가는 길에 들어섰다.

연습 5

1. 행복을 원한다면 욕망들을 채우려 하지 마라. 그것들은 당신 인생을 위한 답이 아니기 때문이다. 행복하고자 한다면 당신의 욕망들을 버리든지 아니면 그것들의 제한된 가치를 이해하여 다른 것으로 바꿔라. 욕망들을 채우는 것이 당신에게 잠시 위로와 기분 전환은 되겠지만 그러나 행복을 가져다주지는 않는다.

2. 당신이 절실하게 원하는 것들을 생각해 보라. 그것들 하나하나를 검토하면서 스스로에게 물어보자. "이것들이 이루어지든지 말든지 나는 행복할 수 있을까? 그럴 수 있다면 정말 놀라운 일 아닌가?"

3. 그런 것들이 없어도, 당신이 그토록 간절히 원하는 사람들이 없어도, 진정으로 행복한 이들이 얼마든지 있다는 사실을 인정하라.

4. 이제 당신이 원하는 것들이나 사람들 각자에게 말해 주어라. "나는 너 없이도 행복할 수 있기를 진정으로 원한다. 네가 곧 내 행복은 아니기 때문이다." 자기를 다른 무엇과 일치

시키는 한 당신은 당신의 삶을 살 수 없다. 그것들이 어디까지나 개인의 선호選好에 지나지 않는다는 사실을 알아차려라.

| 생각해 보자

다른 것보다 더 중요하거나 중요시되어야 하는 유별난 충동은 없다. 유명해지고 성공하고 남들의 사랑을 받고 싶은 욕망은 만들어진 욕구created needs에 지나지 않는다. 자연스럽고 유일한 인간의 충동은 자유롭고자 하는, 유명해지고 성공하고 중요시되고 사랑받고자 하는 욕망들의 무거운 짐에서 자유롭고자 하는 충동이다. 보상받고 칭찬 들어야 한다는 그릇된 관념에서 해방되는 자유야말로 하느님의 자녀들인 우리가 마땅히 누릴 자유다.

연습 6

1. 일이 기대한 대로 되지 않을 때, 어떤 사람이 뜻밖의 방식으로 당신을 대하거나 사람들로부터 심한 비판을 당할 때

실망하는 당신 모습을 관찰하라. 무엇이 당신 안에서 그처럼 예민한 반응을 일으키는지, 어째서 남들의 비판이나 뜻밖의 사태에 그토록 당황하는지 생각해 보라.

2. 과거 누구를 속인 일에 대하여 부끄러워하고 죄스러워하는 당신을 살펴보라. 당신이 자신을 얼마나 잘 판단하고 좋지 못한 감정과 불행을 유발하고 있는지 알고 있는가? 심한 자기 연민이 오히려 자기를 얼마나 더 비참하게 만드는지 알고 있는가? 당신을 저주하는 사람도, 당신을 변명하는 사람도, 당신을 깨닫게 하는 사람도, 모두가 오직 당신인 것을 알아라. 얼마나 놀라운 계시인가! 모든 사소한 고통들이, 모든 안 좋은 감정들이, 그것들을 활용하는 법을 알고 그것들을 이해하기만 하면, 당신을 깨달음으로, 행복으로, 자유로 데려간다. 주여, 우리로 하여금 그것을 알게 하소서. 행복한 삶의 비결을 깨닫게 하소서.

| 생각해 보자

즐거운 경험들은 인생을 즐겁게 한다. 아픈 경험들은 사람을 성숙하게 한다. 아픈 자리가 병의 증세와 몸의 어느 부위

에 문제가 있는지를 가리키듯이, 고통은 우리에게 우리가 어디에서 잘못됐는지, 어느 부분이 아직 성숙하지 못했는지를 보여준다. 당신이 겪는 고통의 어느 하나라도 낭비하지 마라.

연습 7

1. 한 친구 앞에 서서 말하라. "너를 놓아줄 테니 이제 너 자신이 되어라. 네 머리로 생각하고 네 마음이 쏠리는 데로 가라. 너의 예감이 시키는 대로 하고 네가 원하는 네 인생을 살아라. 나는 너에게 아무것도 요구하지 않겠다. 내가 원하는 대로 네가 살기를 바라지도 않는다. 네가 어떤 사람이 되어 무슨 일을 할 것인지에 대하여 아무 기대도 하지 않겠다."

2. 또 말하라. "이제부터 나도 내 머리로 자유롭게 생각하고 그대로 살겠다. 내가 원하는 인생을 내 방식으로 살 것이다."

3. 차마 이 말을 못하겠다면, 좋다, 그런 말을 할 수 없는 사실이 당신에 관하여 무엇을 말해 주고 있는가? 당신의 우정에 관하여는? 당신 삶의 질에 관하여는?

| 생각해 보자

 지나치게 호의를 베풀어 상대방으로 하여금 부담을 느끼게 하지 말자. 혹 당신이 감사 또는 칭송을 받고 싶어 하는 인상을 그들에게 줄 수 있고, 그래서 뭔가 해야 한다는 의무감을 그들에게 안겨줄 수도 있다. 또 어떤 행동은 당신이 다른 사람들보다 우월하다는 거짓 신념을 당신 안에 심어놓을 수 있다. 우리 안이 아니라 바깥에 더 큰 힘이 있다는 착각을 바탕으로 하여 이루어지는 것이 우상 숭배다. 어떤 사람에게 당신을 통제할 힘을 준다면 당신은 그렇게 우상을 하나 만들고 있는 것이다.

연습 8

 1. 당신이 알고 좋아하는 사람들을 떠올려본다. 이기적이고 어리석은 모습의 그들을 그려본다. 가끔 그들이 미숙하고 편협하고 두려워하고 혼란스럽고 그리고 천진하고 결백한 모습을 보여주는 때를 생각해 본다.

2. 당신이 존경하는 사람들, 책에서 읽은 사람들, 당신이 기도를 바치는, 예컨대 예수 같은 사람들을 떠올려본다. 그들의 이기적이고 미숙하고 편협하고 두려워하고 혼란스럽고 그리고 천진하고 결백한 모습을 그려본다.

3. 당신 자신을 생각해 본다. 어리석고 이기적이고 편협하고 혼란스럽고 그리고 천진하고 결백한 당신 모습을 바라본다.

4. 당신이나 그들에게 기꺼이 적용시키거나 스스로 인정할 수 없는 모습들이 있는가? 그들에 대하여 또는 당신에 대하여 위에 언급된 것들이 진실이라면 당신은 심사가 불편해지는가? 그들과 당신의 한계와 약점에 걸리지 않고 모두를 더욱 사랑할 수 있는가? 그들이 그냥 사람이라는 사실을 받아들일 수 있는가? 사랑받아 마땅한 존재로 그들을 받아들일 수 있는가? 온갖 결함과 허물에도 불구하고 하느님이 어떻게 모든 인간의 특이 체질을 사랑하시는지 알겠는가?

| 생각해 보자

당신은 결코 누구를 뜨겁게 사랑한 적이 없다. 당신이 사

랑한 것은 누군가에게 당신이 만들어 씌운 근사한 생각들, 유쾌한 느낌들이다. 당신은 결코 누구를 신뢰한 적이 없다. 당신이 신뢰한 것은 그에 대한 당신의 판단일 뿐이다. 어떤 사람에 대한 당신의 판단이 바뀔 때 그에 대한 당신의 신뢰 또한 바뀌게 마련이다.

연습 9

1. 공동체에 어울리기 위하여, 사람들의 칭찬을 듣기 위하여 당신 스스로 받아들인 모든 통제들을 생각해 보자. 당신은 사회에 적응하기 위하여 당신의 자유를 너덜거리게 했다. 왜 그랬는가? 그렇게 해서 얻은 것이 무엇인지 말해 줄 수 있겠는가?

2. 사람들이 당신에게 간섭하지 않고 그냥 오고 가게 하라. 당신이 다른 사람들을 혼자 있게 하고 스스로 사랑하며 성장하게 하되 그들의 삶에 참견하거나 무엇을 강요하지 않을 때, 그때에 당신은 가장 아름다운 구원과 해방과 자유를

경험하게 된다. 남들의 인생에 흥미 있고 관심 있는 척하기를 그만두자마자 어떻게 간섭과 방해가 소멸되는지를 지켜보라. 실제로 그것은 어떤 불화도 일으키지 않는다. 그럼 그들이 해방된 것 아닌가? 당신은 해방되지 않았는가? 당신이 지니고 있던 요구와 기대가 모두 사라진 게 보이는가?

3. 이것은 무감각이 아니다. 사랑이다. 무심이요 조건 없는 수용이며 가장 높은 질서를 흠모함이다. 그러나 사람들이 그것을 이해하리라고 기대하지 마라. 그들이 보는 눈을 뜨리라고 예상하지 마라. 그들은 과거로부터 내려오는 형식, 사회적 풍습, 종교적 신조들에 따라서 남과 자기를 판단하도록 프로그램이 되어 있다.

| 생각해 보자

세상을 비참하게 만드는 중요한 이유들 가운데 하나는, 사람들이 다른 사람한테서 배운 속임수로 저마다 속으며 산다는 사실이다. 당신한테서 무엇을 얻으려고 또는 당신에게 바라는 것이 있어서 관심을 보이며 다가오는 사람이 있는가? 그건 정상적인 일이다. 하지만 자기를 즐겁게 해주기 위

하여 또는 자기 욕구를 채워주기 위하여 살 것을 당신에게 강요하는 사람이 있는가? 가족? 아니면 친구들? 다른 어떤 사람이 만든 규범에 따라서 살라고 당신을 설득하는 사람이 있는가? 부모? 아니면 권위 있는 어른들? 어떤 사람이 다른 사람들을 통제하려고 하는가? 당신으로 하여금 배은망덕하고 이기적인 사람이라고 생각하도록 밀어붙이는 사람이 있는가? 자기 방식으로 살고 일하기를 강요하는 자들의 요구를 실망시킬 각오가 되어 있는가?

연습 10

1. 아무에게도 당신을 해명할 필요가 없는 무대에 섰다고 상상해 보자. 이제 당신은 자신의 행동을 변명하거나 누구의 허락을 받거나 양해를 구하지 않아도 된다. 느낌이 어떤가? 가까운 장래에 실제로 그런 무대에 설 수 있으리라고 생각하는가?

2. 누구에게도 좋은 인상을 심어줄 필요가 없는 당신을 상

상해 보자. 느낌이 어떤가? 남에게 좋은 인상을 보여줄 마음이 전혀 없을 때 당신은 어떻게 행동하는가? 언젠가는 그런 무대에 설 필요가 있다고 스스로 생각하는가?

3. "내가 사람들에게 어떤 영향을 미치고 있을까?" 이런 걱정이 세상에서 가장 고달픈 노예 근성이다. 그것이 사람들로 하여금 매력 있고 너그러운 지성인으로 보이고자 노력하게 만든다. 당신은 그런 사람을 알고 있는가? 그를 보면 어떤 느낌인가? 그렇게 처신하는 대통령이나 교황이야말로 진짜 노예라는 사실을 당신은 알고 있는가?

| 생각해 보자

조지아 산타야나의 말이다. "사람들은 몸보다 생각으로 집단 서식하는 동물이다. 혼자 몸이 산책하는 것은 즐기면서 그 생각이 외로운 건 싫어한다." 교육이 사람에게 주어야 하는 첫 번째 혜택은 혼자일 수 있는 능력과 자기 눈, 머리, 가슴, 생각, 느낌을 신뢰하는 용기다. 동의하는가?

연습 11

1. 매력이 느껴지는 어떤 사람을 떠올려라. 그에게 말하라. "내가 보는 건 진짜 당신이 아니라 내가 그린 당신 모습이다."

2. 당신이 싫어하는 사람을 떠올려라. 그에게 말하라. "내가 보는 것은 진짜 당신이 아니라 내가 그린 당신 모습이다."

3. 일단 깨어나서 참사랑을 할 수 있게 되면 머잖아 당신은, 흔한 표현으로, 무엇을 좋아하거나 싫어하지 않을 것이다.

4. 내가 보고 상상하는 것이 어디까지나 내게 속한 나의 것임을 깨닫는 것은 놀라운 일이다. 내가 보는 현실이 그냥 그렇게 현실로 있는 것이고 내가 만나는 사람들도 그냥 그렇게 그들로 있는 것임을 알아차림은 놀라운 일이다. 나는 결코 그들을 이해 못하고 그들의 현실을 파악 못한다.

| 생각해 보자

자기가 생각하는 대로 사는 것은 이기적이 아니다. 자기 생각대로 남들도 그렇게 살아야 한다고 주장하는 것이 이기적이다. 당신이 아는 사람들 가운데 혹시 그런 식으로 이기

적인 사람이 있는가? 그가 차지하고 있는 위치가 어디인가? 그 자리가 이기적인 인간이 차지할 만한 좋은 자리인가? 그 자리가 어떻게든 그에게 영향을 미친다고 보는가? 당신 생각대로 살아야 한다고 누군가에게 강요한 적이 있는가? 아니면 모든 사람이 그렇게 살아야 한다고 주장한 적이 있는가? 권위란, 드물게 예외가 있긴 하지만, 본디 이기적이다.

연습 12

1. 다른 사람들하고 가졌던 불쾌한 경험을 떠올려보라.
2. 그것을 다음의 황금 기회로 생각한다.
- 그 사람을, 당신이 그린 바람직한 모습이 아니라 있는 그대로 볼 기회. 그에게 거는 기대는 당신이 그린 그의 바람직한 모습일 뿐이다.
- 자기 자신을 더 잘 알 기회.
- 다른 사람을, 판단하거나 비난하거나 하지 않고, 있는 그대로 볼 기회.

3. 어떤 사람의 부적절한 행동을, 도움을 요청하는 그의 호소로 본다. 그는 지금, 지난날의 당신처럼, 자기 잔꾀에 포로가 되어 있고 자기가 설정한 프로그램에 사로잡혀 있다. 지금 그는 망상에서 스스로 벗어날 수 없다.

| 생각해 보자

누군가가 다른 누군가를 위하여 선행을 하고, '더 좋은 세상'을 위해 효율적인 운동을 조직하거나 악을 근절할 수 있다는 생각은 망상이다. 당신의 눈가리개를 벗어던져라. 스스로 깨어날 때에만 사람은 발전할 수 있다. 사람들을 보호하거나 세계를 진보시키겠다면서 만들어진 사회적 기구들이 오히려 더 큰 상처를 안겨줄 경우가 많다. 이른바 해방 전사와 테러리스트 사이에 무슨 다른 점이 있는가? 소련의 KGB와 미국의 CIA, 칠레의 DINA와 이스라엘의 모사드가 무엇이 서로 다른가? 그들이 지키는 자들은 누구고 그들이 죽이는 자들은 누군가? 폭력은 더 큰 폭력을 부른다. 오염된 물 때문에 병든 사람을 오염된 물을 더 많이 마시게 해서 고칠 순 없는 일이다. 처방 자체가 폭력과 자기 중심의 독을 품고 있

다. 당신 자신으로 존재하게 하라. 당신의 인생을 살고 간섭을 중단하라.

연습 13

여기 새로운 지각perception과 의식consciousness으로 가는 길이 있다.

1. 어떤 사람이 말하거나 행동한 것들을 기억나는 대로 떠올린다.
2. 그 말과 행동은 무시하고, 겉으로 드러난 현상들 뒤를 넘겨다본다.
3. 그 속의 진짜 이유를 이해한다. 언어 대신 가슴으로 또는 자기 편견에 흔들리지 않고 무엇을 보는 것이야말로 스스로 흐뭇해할 일 아닌가?

| **생각해 보자**

중국에 이런 말이 있다. "자연만큼 몰인정한 것이 없다. 누구도 그것을 피해 달아날 수 없다. 그러나 사람을 아프게 공격하는 것은 자연이 아니라 인간의 마음이다."

연습 14

사랑을 경험하는, 당신이 남들에게 홀리지 않는, 그들에게 상처받거나 좋지 못한 영향을 미치거나 하지 않는, 더 높은 차원에 도달하는 몇 가지 단계가 있다. 이 연습들이 당신으로 하여금 남들의 인정과 칭찬이라는 쓸모없는 겉치레를 극복하도록 도와줄 것이다. 일단 그것들이 얼마나 터무니없는 것인지를 알고 나면, 참작은 하되 그로 인하여 스스로 우쭐거리거나 비참해지는 일은 없을 것이다.

1. 그의 칭찬을 꼭 듣고 싶은 사람이 있는가? 있다면 당신은 그 사람 앞에서 당신 자신으로 존재하고 그를 있는 그대

로 보는 자유를 상실하였다. 그가 당신에게 반드시 필요한 존재로 되었기 때문이다.

2. 혼자일 때 당신은 어떤 사람이 곁에 있어야겠다고 생각하는가? 당신의 불편함을 덜기 위해 반드시 있어야 할 사람이 있는가? 있다면 당신은 그 사람 앞에서 자유롭지 못하다. 그가 곁에 있어야 행복할 수 있다고 스스로 믿기 때문이다.

3. 당신을 행복하게 할 힘과 불행하게 할 힘을 함께 넘겨준 사람이 있는가?

4. 스스로 만든 망상에 속지 않도록 하자. 당신은 정신적 목발로 삼을 사람이 필요치 않다. 당신이 이 진실을 알자마자 아무도 당신에게 힘을 행사하지 못할 것이다. 당신의 감정이 누구 때문에 오르내리는 일도 더는 없을 것이다. 모든 인간 관계에서 당신이 주인 노릇을 할 것이다. 그 누구의 자비도 의존하지 않을 것이다. 이제 당신은 자유다. 당신은 사랑할 수 있다. 당신의 영성과 인간성이 바야흐로 회복되었다.

| 생각해 보자

당신 자신을 돌보는 것은 분명 이기적이고 자기 충족적인

태도다. 하지만 그 기원은 그리스도교에 있고 그 열매는 건강하다. 날마다 꽉 차게, 행복하게 그리고 사람답게 사는 법을 배워 익히자. 친구와 함께 익사하는 게 아니라 함께 수영하는 법을 배우는 것이 참으로 사람답게 사는 길이다.

연습 15

1. 가까운 친구에게 말해라. "나는 중요한 일을 너에게 맡길 수 없다. 너를 나의 버팀목으로 삼을 수 없다. 나를 도와줄 능력이 너에게 없기 때문이다."

2. 의존할 친구나 조언자가 없다는 사실이 얼마나 매력 있는 것인지 깨달아라. 당신을 도울 능력이 다른 사람들에게 없음을 알 때, 그때 당신 안에 있는 '통치자'가 비로소 보인다.

3. 체념이나 상처 때문이 아니라 진실을 당신이 알았기 때문에 가장 가까운 친구들에 대한 환상으로부터 자유로워지는 것이 얼마나 놀라운 일인지 깨달아라. 그들에게는 결정적인 순간에 당신을 도와줄 능력이 없다. 친척들에 대한 예

수의 매몰차 보이는 말을 상기하라. 베드로, 야고보, 요한이 성 목요일이나 성 금요일, 또는 다른 어느 때라도 예수를 위하여 과연 무엇을 해줄 수 있었던가? 환상에서 자유로워지면 찬란한 기회가 다가온다. 그것은 새로운 인생으로 깨어나는 것과 같다. 당신은 괜찮다. 스스로 괜찮지 않다고 생각될 때에도 당신은 괜찮다.

생각해 보자

깨어난 사람은 항상 모든 것을 즐긴다. 왜 그러느냐고 물으면 그들은 대답할 것이다. "그러면 왜 안 돼?" 깨어난 사람은 고독과 불행이 원천적으로 불가능한 세계에서 살아간다. 깨어난 사람은 언제나 독특하고 다양하고 새로운 세계에서 '지금 여기'를 산다.

연습 16

1. 아무도 폭력으로 남을 해치지 않는 미래의 세계를 그려

보라. 거기서는 사업하는 사람들이 서로 싸우지 않는다. 한쪽이 죽어야 끝나는 경쟁도 없다. 여자들은 남편을 무서워하지 않고 자녀와 부모는 서로 위협하지 않는다. 사람들은 불안감을 조성하지 않고 독신으로 살면서도 외로움을 모른다. 시민들은 독재 정권에 벌벌 떨지 않고 아무도 아무를 겁내지 않는다.

2. 기적은 아니더라도, 과연 이렇게 사는 것이 가능한 일일까?

3. 어떻게? 왜 당신은 그런 세계를 현실로 만드는 일에 당장 착수하지 않는가?

연습 17

당신은 함께 사는 사람들 때문에 불편한가? 그들이 너무 뻔뻔스럽고 이기적이고 제멋대로라고 생각하는가?

1. 여기 그들을 바꿔놓는 (최소한 당신과의 관계에서) 기

적적이고 틀림없는 방법이 있다.

- 당신 자신을 바꿔라. 당신이 바뀔 때 그들도 바뀐다. 문제는 그들한테 있지 않고 당신이 그들을 상대하는 방식에 있다.
- 그들을 향한 당신의 요구와 기대, 바로 거기에 문제가 있다. 더 이상 아무것도 요구하지 말고 기대도 하지 마라. 그러고 나서 무슨 일이 일어나는지 지켜보라.
- 그들 각자에게 말해 줘라. "나는 당신한테 무엇을 요구하거나 기대할 권리가 없다."

2. 누가 당신에게 끔찍이 싫은 것을 요구할 때, 당신은 그가 달라지거나 그런 식으로 행동하지 않았으면 좋겠다고 생각할 것이다. 그럴 경우 이렇게 생각해 보자.

- 당신은 지금 자기를 바꾸거나 성장시키려 하기보다 그 사람이 바뀌기를 기대하고 있다. 당신이 그러고 있다는 사실을 스스로 알고 있는가?
- 그는, 아마도 틀림없이, 먼저 당신이 달라지기를 기다리고 있을 것이다.
- 그런즉 당신과 그 사이의 깊은 구렁은 갈수록 커져만 가

고 둘의 관계는 세월과 함께 더욱 고통스럽게 지속될 것이다. 서로 상대가 달라지거나 죽어 없어지기를 기다리면서!

| **생각해 보자**
어느 쪽이 더 정확한가?
세상이 좋아서 내 기분이 좋다. 아니, 내 기분이 좋아서 세상이 좋다.

연습 18

당신이 겪은 몇 가지 고통, 혐오 또는 걱정을 떠올려보라. 당신이 만일 더 깊게 더 넓게 그것들을 이해하였더라면, 그것들 때문에 그토록 아프진 않았을 것이다.

15

다시 한 번 생각해 보자 Reminders

1. 우리의 행복과 불행은 우리가 겪는 일들의 성격보다 그것들을 인식하고 대처하는 우리의 방식에 따라 정해진다. 당신이 만일 당신 인생을 즐기고 있지 못하다면 뭔가 근본적인 문제가 당신한테 있는 것이다.

2. 당신은 성령으로 사는가? 아니면 율법으로 사는가? 이른바 권위 있는 사람들은 당신이 방금 율법을 지키지 않았으면 아까운 시간을 낭비한 것이라고 믿게 만든다. 반면에 성령은 이렇게 격려한다. "네가 방금 사시로운 이익을 챙기지 않았으면 유익하게 시간을 보낸 것이다."

3. 천사가 당신에게 나타나서 말한다. "무엇이든지 원하는 대로 들어주겠다." 당신은 무엇을 달라고 하겠는가? 왜?

4. 지난날 당신이 저지른 어떤 행위에 대해서도 수치심을 느낄 것 없다.

5. 우리로 하여금 행복을 맛보지 못하게 가로막는 것들은

모두가 우리 스스로 만들어서 덮어쓴 것들이다. 그동안 당신의 행복에 책임 있는 사람이 바로 당신이었음을 알고 있는가? 얼마 동안이나 당신은 다른 사람으로 하여금 당신을 통제하게 하였는가? 어떤 거짓 믿음이 그렇게 하도록 만들었는가?

6. 우리를 행복하게 하는 것은 얼마나 많이 가졌느냐가 아니라 얼마나 많이 즐기느냐에 있다. 상실을 겁내지 않을 때 비로소 우리는 인생을 즐길 수 있다. 그리고 우리가 아는 진실을 누구도 빼앗거나 훔쳐갈 수 없다는 사실을 깨달을 때 우리는 마침내 자유로워진다.

7. 진정으로 원한다면 지금 당장 우리는 행복할 수 있다. 행복이란 현재 순간에 있는 것이기 때문이다. 하지만 지금보다 더 행복하거나 남들보다 더 행복하기를 원한다면 불행한 인간의 속성을 두루 갖추게 될 것이다. 행복이란 비교될 수 없는 것이기 때문이다. 그런 욕망은 아무리 채워도 만족을 모른다. 우리는 지금 있는 그대로만 행복할 수 있고, 남들

이 얼마나 행복한지는 측량할 수 없다.

8. 건강한 인간 관계는 깨어 있는 사람들 사이에서만 가능하다. 깨어 있지 못한 사람들은 사랑을 나눌 수 없다. 그들은 욕망, 요구, 아첨, 속임수 등을 교환할 따름이다. 당신의 사랑이 과연 깨어 있는 사람의 사랑인지 시험해 보라. 당신의 어떤 요구가 연인에 의하여 거절당하거나 무시당할 때 당신의 집착이 얼마나 쉽게 앙심으로 바뀌는가?

9. 깨어 있지 못함, 곧 인생을 있는 그대로 보지 않거나 보지 못하거나 보려 하지 않고, 사람들을 있는 그대로 이해하지 않거나 이해하지 못하거나 이해하려 하지 않고, 다른 사람들을 겁 없이 받아들이지 않거나 받아들이지 못하거나 받아들이려 하지 않는 것이 유일한 악마다. 가슴, 눈, 머리를 통해서가 아니라 굳어진 신념 체계를 통해서 인생을 바라보는 것이 깨어 있지 못함이요 세상을 잘못 살게 하는 것이다. 대부분 사람들이 자기가 무엇을 하고 있는지를 모른다. 그래서 거의 한평생을 깨어 있지 못한 상태로, 자기가 누군지

도 모른 채 살아간다.

10. 우리와 범죄자들의 차이는 우리가 누구냐에 있지 않고 무엇을 하느냐에 있다. 환경이 그렇게 되어 있으면 무슨 짓이든 할 수 있는 게 사람이다.

11. 다른 사람들하고는 아무 문제가 없다. 문제는 오직 당신 안에 있다. 다른 사람들이 아니라 그들에 대한 당신의 반응이 문제다. 당신은 왜 꼭 그런 방식으로만 대응하는가? 그 이유를 알면 당신의 착각과 함께 그 방식도 바꿀 수 있을 것이다.

12. 당신을 괴롭히는 유일한 원인은 사람들이 당신을 어떻게 대해야 한다는 당신의 생각, 당신 생각이 더 옳다는 당신의 믿음에 있다. 다른 사람들이 어떻게 했기 때문에 괴로운 것이 아니다. 당신이 바라는 대로 그들이 움직여주기를 기대했는데 그 기대가 어긋났기 때문에 괴로운 것이다. 하지만 그들에게는 당신이 기대한 대로 움직일 의무도 없고

실력도 없다. 당신에게 상처를 입히는 것은 당신의 기대다. 남들에게 기대하는 수준을 낮추어보라. 아래 세 가지 놀라운 일들을 경험하게 될 것이다.

• 당신은 훨씬 더 평화로워질 것이다.
• 사람들은 여전히 자기 생겨먹은 대로 행동하겠지만, 그것이 더 이상 당신을 괴롭히진 못할 것이다.
• 당신은 당신이 원하는 일에 더 많은 힘을 쏟게 된다. 당신이 바라는 대로 사람들이 움직여주기를 기대하느라고 아까운 시간과 정력을 낭비하지 않을 테니까.

13. 어째서 인간 관계들(우정, 대화, 섹스 등을 나누는 일)이 그토록 괴롭고 힘하고 사람을 초조하게 만드는가? 모든 고통이 당신의 무의식적인 기대, 요구, 희망, 갈망에서 온다. 당신이 좋아하는 방식으로 사람들이 행동하기를 당신은 기대하고 있다. 그 기대를 포기하면 고통이 사라질 것이다. 환상적인 평온함을 경험하게 될 것이다. 그것은 마치 답답한 방 안에 있다가 밖으로 나가 신선한 공기를 마시는 것과 같다.

14. 사랑은 관계가 아니다. 사랑은 존재하는 상태다. 당신은 사랑하는 상태에 있는가? 그 상태로 살고 있는가?

15. 온전한 사랑은 두려움을 몰아낸다. 아무것도 욕망하거나 요구하지 않고 흥정하지도 않고 판단하지도 않기 때문이다. 사랑은 그냥 있다. 지금 여기 있으면서 보고 행동한다.

16. 사람들은 흔히 자기 이익을 도모하면서 그것을 '사랑'이라고 부른다. 일단 사랑을 하나의 덕목으로 삼고 남들이 용납하는 방식으로 사는 법을 배우면, 자기가 하는 일이 사랑으로 세상을 섬기는 것이라고 착각한다. 그러나 그것은 어디까지나 자선으로 위장된 자기 이익 추구일 뿐이다.

17. 사람들을 사랑하는 것은 그들에게 상처받을 것을 겁내지 않고, 그들에게 좋은 모습 보여주려고 마음 쓰지 않고, 그들이 더 이상 당신을 좋아하지 않거나 당신을 등질까봐 두려워하지 않고, 심지어 그들 없이도 완벽하게 행복한 것을 의미한다. 그들이 뭐라고 말하든지, 무슨 짓을 하든지 당

신은 항상 평화롭다. 당신의 공백을 사람들로 채우고 그것을 '사랑'이라 부르지 마라.

18. 남들을 많이 사랑할수록 당신은 그들 없이 더 많은 일을 할 수 있다. 남들을 많이 사랑할수록 당신은 그들과 함께 더 많은 일을 할 수 있다.

19. 자기가 깨어 있는지를 알아보는 가장 좋은 방법은 스스로 이렇게 물어보는 것이다. "내가 방금 한 시간을 어떻게 살았지?"

샨티의 뿌리회원이 되어
'몸과 마음과 영혼의 평화를 위한 책'을 만들고 나누는 데
함께해 주신 분들께 깊이 감사드립니다.

개인

이슬, 이원태, 최은숙, 노을이, 김인식, 은비, 여랑, 윤석희, 하성주, 김명중, 산나무, 일부, 박은미, 정진용, 최미희, 최종규, 박태웅, 송숙희, 황안나, 최경실, 유재원, 홍윤경, 서화범, 이주영, 오수익, 문경보, 여희숙, 조성환, 김영란, 풀꽃, 백수영, 황지숙, 박재신, 염진섭, 이현주, 이재길, 이춘복, 장완, 한명숙, 이세훈, 이종기, 현재연, 문소영, 유귀자, 윤홍용, 김종휘, 보리, 문수경, 전장호, 이진, 최애영, 김진회, 백예인, 이강선, 박진규, 이욱현, 최훈동, 이상운, 김진선, 심재한, 안필현, 육성철, 신용우, 곽지희, 전수영, 기숙희, 김명철, 장미경, 정정희, 변승식, 주중식, 이삼기, 홍성관, 이동현, 김혜영, 김진이, 추경희, 해다운, 서곤, 강서진, 이조완, 조영희, 이다겸, 이미경, 김우, 조금자, 김승한, 주승동, 김옥남, 다사, 이영희, 이기주, 오선희, 김아름, 명혜진, 장애리, 신우정, 제갈윤혜, 최정순, 문선희

단체/기업

주/김정문알로에, 한성재단, design Vita, PN풍년, 사단법인 한국가족상담협회·한국가족상담센터, 생각과느낌 소아청소년 성인 몸 마음 클리닉, 경일신경과 | 내과의원, 순수피부과, 월간 풍경소리, FUERZA

샨티 이메일로 이름과 전화번호, 주소를 보내주시면 샨티의 신간과
각종 행사 안내를 이메일로 받아보실 수 있습니다.

이메일 : shantibooks@naver.com
전화 : 02-3143-6360 팩스 : 02-6455-6367

우주 리듬을 타라

Power, Freedom and Grace

**세계적 영성가 디팩 초프라가 들려주는
자유와 행복, 인간과 우주의 참 본성에 관한 새로운 패러다임**

디팩 초프라 지음
이현주 옮김
232쪽 | 양장본 | 15,000원

억지로 애쓰지 않을 때,
우주가 당신을 통해 거침없이 흐르도록 둘 때,
당신은 힘들이지 않아도 자유롭고 충만해진다.

여기에 이르기 위하여 우리는 "나는 누구인가?" "나는 어디에서 왔는가?"
"나는 죽어서 어디로 가는가?"와 같은 근원적인 질문을 놓아서는 안 된다고
디팩 초프라는 말한다. 이 질문들에 대답하면서 그는 근원적인 행복에 대해서는 물론,
이른바 영성의 시대라는 21세기에 인간과 우주를 바라보는 인식과 패러다임이
어떻게 변해가고 있는지까지 놀라운 통찰을 보여준다.

The Teachings of Abraham®
Co-Creating At It's Best

우주는 당신의 느낌을 듣는다

**애를 쓸수록 원하는 것과 멀어지는 이유, 원하는 현실을 창조하는 진정한 법칙 등
웨인 다이어와 비물질 존재 아브라함이 나눈 29가지 영적 대화**

웨인 다이어 · 에스더 힉스 지음 | 이현주 옮김
224쪽 | 양장본 | 15,000원

우주는 당신이 하는 말을 듣지 않는다. 당신의 느낌을 듣는다.
매일 아침, 우주와 당신을 정렬하고 당신이 원하는 느낌 속에 머물라.

우리는 어떻게 '근원 에너지'의 진동에 가까워질 수 있는가?
저항하기보다 허용할 때 삶이 더 자유롭고 편안해지는 이유는 무엇인가?
현실에 맞서는 것이 아니라 현실을 창조하는 사람이 되려면?
물질 몸을 갖고 태어나는 이유와 죽음의 진정한 의미는?
악이나 폭력 등 세상에 '대비'와 이원성이 존재하는 이유는 무엇인가?